Olla De Cocción Lenta

Deliciosas Delicias De Crockpot Y Comidas Para Gente Ocupada

(Comida Para Toda La Familia)

Liam Muro

Publicado Por Daniel Heath

© **Liam Muro**

Todos los derechos reservados

Olla De Cocción Lenta: Deliciosas Delicias De Crockpot Y Comidas Para Gente Ocupada (Comida Para Toda La Familia)

ISBN 978-1-989808-92-4

Este documento está orientado a proporcionar información exacta y confiable con respecto al tema y asunto que trata. La publicación se vende con la idea de que el editor no esté obligado a prestar contabilidad, permitida oficialmente, u otros servicios cualificados. Si se necesita asesoramiento, legal o profesional, debería solicitar a una persona con experiencia en la profesión.

Desde una Declaración de Principios aceptada y aprobada tanto por un comité de la American Bar Association (el Colegio de Abogados de Estados Unidos) como por un comité de editores y asociaciones.

No se permite la reproducción, duplicado o transmisión de cualquier parte de este documento en cualquier medio electrónico o formato impreso. Se prohíbe de forma estricta la grabación de esta publicación así como tampoco se permite cualquier almacenamiento de este documento sin permiso escrito del editor. Todos los derechos reservados.

Se establece que la información que contiene este documento es veraz y coherente, ya que cualquier responsabilidad, en términos de falta de atención o de otro tipo, por el uso o abuso de cualquier política, proceso o dirección contenida en este documento será responsabilidad exclusiva y absoluta del lector receptor. Bajo ninguna circunstancia se hará responsable o culpable de forma legal al editor por cualquier reparación, daños o pérdida monetaria debido a la información aquí contenida, ya sea de forma directa o indirectamente.

Los respectivos autores son propietarios de todos los derechos de autor que no están en posesión del editor.

La información aquí contenida se ofrece únicamente con fines informativos y, como tal, es universal. La presentación de la información se realiza sin contrato ni ningún tipo de garantía.

Las marcas registradas utilizadas son sin ningún tipo de consentimiento y la publicación de la marca registrada es sin el permiso o respaldo del propietario de esta. Todas las marcas registradas y demás marcas incluidas en este libro son solo para fines de aclaración y son propiedad de los mismos propietarios, no están afiliadas a este documento.

TABLA DE CONTENIDO

PARTE 1 1

INTRODUCCIÓN 2

INTRODUCCIÓN A LAS OLLAS DE COCCIÓN LENTA . 3
¿POR QUÉ COCINAR EN UNA OLLA DE COCCIÓN LENTA? 5
CONSEJOS PARA COCINAR CON OLLA DE COCCIÓN LENTA 7
GUÍAS DE MEDIDA 11
RECETAS PARA EL ALMUERZO 12
RECETAS PARA LA CENA 48
RECETAS RÁPIDAS PARA LA OLLA DE COCCIÓN LENTA 80
32.   Muslos De Pollo Al Pesto 82
RECETAS ESPECIALES PARA OCASIONES ESPECIALES
.... 96
38.   Cacerola De Pollo Y Vino Tinto 96
39.   Pollo Con Naranja Y Arándanos 99
RECETAS CON LA OLLA DE COCCIÓN LENTA PARA NIÑOS 106
44. Hamburguesas De Pollo Jugosas 109

CONCLUSIÓN 125

PARTE 2 126

INTRODUCCIÓN 127

Quiero Agradecerle Por Descargar Mi Libro.
.... 127

APERITIVOS 128

Burritos Chili Colorado Estilo Mexicano 128
Delicioso Pollo Con Corteza De Queso
Parmesano 129
Cazuela De Judías Verdes..................... 132
Lasaña De Carne Clásica....................... 134
Apetitoso Sándwich César De Pollo 135
Pollo BBQ De Olla Lenta 137

PLATOS PRINCIPALES 138

Carne Tierna Con Brócoli 138
Cerdo Dulce Y Excepcional 140
Pollo Con Miel Con Semillas De Sésamo.. 142
Pechuga De Pollo Endulzada Con Miel ... 144
Famoso Pollo Santa Fe......................... 145
Increíble Pollo Tierno Con Champiñones. 147
Salsa Picante De Tomates Y Calabacín 149
Adorable Pollo Italiano De Olla Lenta.... 151
Pollo Hawaiano De Cocina Lenta Con Piña
.... 152
Papas Con Queso Y Tocino 154

Chuletas De Cerdo Tiernas 155
Delicioso Pollo Cordonbleu 157
Tierna Carne Stroganoff 159

SOPAS Y ESTOFADOS 161

Clásica Sopa De Chucrut Alemana 161
Sopa De Pollo Con Espinacas Y Hierbas.... 162
Increíble Asado De Olla De Mamá........... 164
Cerdo Salsa Verde 166
Estofado De Papa Con Vegetales Y Especias
.... 167

CONCLUSIÓN 170

Parte 1

Introducción

El consumo de pollo por persona ha ido aumentando casi todos los años desde 1960 o bien desde que el consumo de alimentos ha sido supervisado apropiadamente. Pueden presentarse ingredientes nuevos en el mercado, pueden haber surgido restaurantes más finos en cada esquina, pero el antojo de las personas por el pollo sigue siendo el mismo, si es que no ha crecido. El pollo bien puede ser solicitado como el favorito en cuanto a las preferencias de los amantes de la carne. Por ende, los creadores de alimentos también están abocados a hacer este favorito del mundo más exquisito, jugoso y fácil de cocinar.

La gente tiene una queja común sobre la comida preparada en la olla de cocción lenta -todas estas suelen saber igual. Es como decir que todas las pizzas saben igual simplemente porque todas contienen masa, queso y salsa de tomate. El caso es que no está experimentando lo suficiente. Este libro definitivamente sacará al creador de platos con ollas de cocción lenta que hay en usted.

Este libro consiste en una colección de recetas que mezclan conveniencia y sabor para mejorar el método de cocción lenta para crear comidas que sean delicias jugosas por sí solas. Cuando se combinan con la cocción lenta, las recetas con pollo se vuelven inexorablemente apetitosas; así que es solo cuestión de tiempo que busque su olla en el garage y le permita convertirse en el utensilio principal en su cocina para hacer maravillas día tras día.

Introducción a las ollas de cocción lenta

La olla de cocción lenta o crockpot, como se la conoce generalmente, es una olla de cocina redonda u ovalada con tapa, hecha a partir de porcelana o cerámica vidriada, con un armazón de metal que contiene el calor eléctrico. La tapa es generalmente de vidrio.

Todo lo que necesita hacer es reunir los ingredientes por la mañana y encender la olla. Usted puede seguir con su rutina diaria de trabajo tranquilamente y, para cuando regrese, su comida estará caliente y lista para ser devorada. Las ollas de cocción lenta suelen venir con una o dos configuraciones de temperatura y usan muy poca energía, lo que significa que no aumentará demasiado su boleta de luz ni calentará la cocina como lo hace el horno, limitando así cualquier peligro por fuego.

Las ollas de cocción lenta vienen en varias formas y tamaños, que van desde ollas para 1 ración a tamaños más grandes que bien pueden cocinar comidas para una familia de 4 o incluso 6 personas. Las ollas de cocción lenta han evolucionado desde las configuraciones simples de temperatura baja y alta. Hoy día vienen con controles sofisticados que le permiten demorar el tiempo de cocción, mantener la comida caliente una vez cocida y programar distintos ajustes para cocinar platos específicos.

¿Por qué cocinar en una olla de cocción lenta?

Las ofertas de ollas de cocción lenta están siendo un auge. Más y más gente está optando por estos pequeños pero poderosos aparatos para traer conveniencia y alimentación saludable a sus vidas. Nada es mejor que llegar a casa para encontrarse con una cacerola humeante lista para comer o un estofado esperando en la mesada.

Las comidas preparadas en la olla de cocción lenta son económicas para el bolsillo, más fáciles de cocinar y, el aparato en sí, simple de usar. Es tanta facilidad para su vida que hasta podría volverse adicto a ello. Pero eso no es todo. Cocinar en ollas de cocción lenta tiene otros varios beneficios que han sido detallados a continuación:

1. Los cortes más duros de carne se vuelven tiernos con mayor facilidad en

la olla de cocción lenta debido a la condensación. Esto quiere decir que, puede comprar cortes de carne más baratos y obtener igualmente un sabor completo y hacer comidas más sabrosas usando cortes menos costosos.

2. Las verduras absorben relativamente más especias y caldos en la olla de cocción lenta, dándoles máximo sabor.
3. La temperatura y el tiempo se pueden ajustar en la misma olla para no tener que controlar la cocción constantemente.
4. Las ollas de cocción lenta son conocidas por preparar comidas en 8 a 10 horas, lo cual puede resultar cierto para algunos platos en particular pero, hoy estas ollas pueden preparar comidas mucho más rápido.
5. Las recetas para estas ollas pueden ser creadas utilizando un número limitado de ingredientes y así reducir tanto costos como tiempo de preparación y desorden.
6. No se deben confundir las multiollas

con las ollas de cocción lenta; la primera posee el elemento calentador solamente en la base, lo que puede causar que las comidas se quemen con facilidad.

Consejos para cocinar con olla de cocción lenta

A continuación hay una lista de consejos de cocina probados para cocinar los platos más jugosos y sabrosos de todos los tiempos:

1. Llene la olla con alrededor de ¾ o preferiblemente ½ de ingredientes para mejores resultados.
2. Rocíe la olla con aerosol vegetal de buena calidad antes de colocar los ingredientes para que no se peguen. Esto evitará que la comida se pegue a los costados y facilitará la limpieza del equipo.
3. No es necesario agregar ningún líquido

a la olla. No se produce evaporación, así que la comida se cocina con el jugo de los mismos ingredientes. Puede que en algunas recetas necesite agregar algo de líquido, en cuyo caso será mencionado.

4. Cada vez que quita la tapa de la olla, el tiempo de cocción aumenta desde los 15 hasta los 20 minutos. ¡Así que sin espiar!
5. Puede calcular los condimentos al final de la cocción. Es difícil lograr los sabores y el condimento de antemano. El sabor de las hierbas se vuelve más suave durante la cocción también, así que puede que necesite agregar más cantidad según el gusto propio; entonces, asegúrese de probarlo antes de servirlo.
6. La cocción lenta en la olla lleva más tiempo a altitudes altas, así que deberá agregar media hora extra de cocción por cada hora de cualquier receta que cocine en altas altitudes.
7. No necesita agregar aceite a las recetas preparadas en la olla ni tampoco grasa

de las carnes. La grasa que contiene la carne no desaparecerá como ocurre en el caso de otros métodos de cocción, así que asegúrese de quitar la mayor parte de esta antes de cocinar.

8. El líquido no disminuirá ni se hará más espeso mientras se cocine. Si quiere que la sopa sea más espesa, agregue un poco de harina de maíz al final (alrededor de una cucharada pequeña o dos) o reboce la carne con harina condimentada antes de colocarla en la olla.

9. Algunas recetas requieren que los ingredientes se salteen o doren antes de agregarlos a la olla. Saltearlos en la sartén le ahorrará mucho tiempo. De todas formas, puede cocinarlos en la olla de cocción lenta antes de añadir el resto de los ingredientes.

10. Siempre coloque los frijoles secos en remojo antes de cocinarlos. Esto reducirá el tiempo de cocción a 8 horas, en vez de las 18 horas estándar que toma cocinar directamente los frijoles secos.

11. Las recetas hechas en ollas de cocción lenta no se mantienen bien con la temperatura ambiente, así que asegúrese de ponerlas en el refrigerador inmediatamente una vez que se hayan enfriado. No deje a termperatura ambiente una comida preparada con esta olla por más de dos horas.

Cocción estándar vs cocción lenta

Un plato demora más en cocinarse en una olla de cocción lenta pero, ¿cuál es realmente la diferencia? El siguiente cuadro muestra la diferencia de tiempo usual.

Si un plato suele tomar	En velocidad alta cocinar por	En velocidad baja cocinar por
15-30 minutos	1-2 horas	4-6 horas
30 minutos – 1 hora	2-3 horas	5-7 horas
1-2 horas	3-4 horas	6-8 horas
2-4 horas	4-6 horas	8-12 horas

Guías de medida

Es importante que tenga en cuenta el tamaño de la olla a la hora de cocinar las recetas. En caso de tener que comprar solo una olla de cocción lenta, asegúrese de conseguir un modelo grande si cocina para más de una persona. Es preferible comprar un modelo de al menos 6 litros. La mayoría de recetas destinadas a modelos más pequeños bien pueden ser hechas en la olla más grande; aunque no es posible al revés. El siguiente cuadro muestra los equivalentes de medidas que lo ayudarán a medir los ingredientes de manera apropiada:

1 cucharada sopera	3 cucharaditas de té
1 cucharada sopera	1/16 taza
2 cucharadas soperas	1/8 taza
2 cucharadas soperas+ 2 cucharaditas de té	1/6 taza
5 cucharadas soperas + 1 cucharadita de té	1/3 taza
8 cucharadas soperas	½ taza
16 cucharadas soperas	1 taza

| 1 litro | 4 tazas |

Ahora que se han cubierto los conceptos básicos sobre cocinar en esta olla, ¡es tiempo de avanzar y comenzar a cocinar!

Recetas para todos los gustos y estilos de vida

Recetas para el almuerzo

1. Pollo a la crema con bizcochos

Porciones: 6
Tamaño de la olla: 4 a 6 litros
Tiempo de preparación: 15 minutos
Tiempo de cocción: 6 horas

Ingredientes:

1. 8 muslos de pollo deshuesado y sin piel
2. ½ taza de caldo de pollo (preferiblemente bajo en sodio)
3. 4 zanahorias grandes cortadas en trozos de 2,5 cm
4. 1 cebolla pequeña picada
5. 2 tallos de apio cortados en rebanadas finas
6. ½ cucharadita de condimento para aves
7. ¼ taza de harina común
8. 1 taza de arvejas congeladas
9. ½ taza de vino blanco seco
10. ½ taza de nata espesa
11. Sal y pimienta negra al gusto
12. 6 bizcochos o galletas saladas a elección

Pasos:

1. Agregue la harina, las zanahorias y la cebolla a la olla de cocción lenta. Coloque el pollo sobre dichos ingredientes.
2. Sazone con sal, pimienta y condimento para aves. Al final, agregue el caldo y el vino.

3. Coloque la tapa de la olla y cocinar cocine en la configuración de temperatura alta por 3 horas o baja por 5 ó 6 horas.
4. Agregue la nata, las arvejas y un poco más de sal si se gusta diez minutos antes de servir.
5. Sírvalo con los bizcochos en la base y encima del pollo a la crema.

2. Pollo Tikka Masala

Porciones: 4
Tamaño de la olla: 4 a 6 litros
Tiempo de preparación: 10 minutos
Tiempo de cocción: 8 horas

Ingredientes:

1. 8 muslos de pollo deshuesado y sin piel
2. 1 lata de puré de tomate (400 mililitros)
3. 2 dientes de ajo picados
4. 1 cebolla mediana picada
5. 2 cucharadas soperas de pasta de tomate
6. Sal y pimienta negra al gusto
7. 2 cucharaditas de especias indias

mezcladas
8. ½ taza de nata espesa
9. 1 taza de arroz blanco de grano largo
10. 1 cucharada de jugo fresco de limón
11. ¼ taza de hojas de cilantro frescas
12. ½ pepino cortado en rebanadas finas

Pasos:

1. Agregue la cebolla, la pasta de tomate, el ajo, las especias indias, ¼ cucharadita de pimienta, ¾ cucharadita de sal y finalmente el pollo a la olla. Coloque la tapa y cocinar en modo Bajo de 7 a 8 horas o de 3 a 4 horas en velocidad alta.
2. Añada el cilantro, pepino, jugo de limon y lo que resta de sal y pimienta en un bol y revuélvalos.
3. Cueza el arroz siguiendo las instrucciones del paquete 20 minutos antes de que acabe la cocción de la olla.
4. Una vez que el pollo esté cocido, agregue la nata, mezcle bien y sírvalo con el arroz y ensalada de pepino.

3. Sopa de pollo y fideos

Porciones: 6
Tamaño de la olla: 5 a 6 litros
Tiempo de preparación: 5 minutos
Tiempo de cocción: 5 horas

Ingredientes:
1. 6 muslos de pollo deshuesado
2. ½ taza de fideos, de letras o estrellados
3. 4 zanahorias cortadas en trozos de 2,5 cm.
4. 2 papas medianas cortadas por la mitad
5. 1 cebolla mediana cortada por la mitad

6. 2 hojas de laurel
7. 2 dientes de ajo machacados
8. ¼ taza de perejil picado
9. 4 tallos de apio cortados en trozos de 1,25 cm
10. Sal y pimienta para sazonar
11. Galletas saladas para servir (opcional)

Pasos:

1. Agregue la zanahoria, las papas, el apio, el ajo, la cebolla, 6 tazas de agua, sal y pimienta y el pollo a la olla de cocción lenta.
2. Coloque la tapa y cocine alto de 4 a 5 horas o de 7 a 8 horas en temperatura baja.
3. Transfiera el pollo a un bol 20 minutos antes de servirlo y quite las hojas de laurel y la cebolla.
4. Corte el pollo en tiras.
5. Mientras tanto, agregue la pasta a la olla de cocción lenta y déjela cocinar alrededor de 18 minutos.
6. Una vez que la pasta esté lista, agregue el pollo trozado y el perejil a la sopa.
7. Sírvalo con galletas saladas (opcional).

4. Receta de pollo y tocino

Porciones: 6
Tamaño de la olla: 4 a 6 litros
Tiempo de preparación: 35 minutos
Tiempo de cocción: 7 horas

Ingredientes:

1. 1,81 kg de pollo trozado
2. 227 g de tiras tocino cortadas en cubos
3. 227 g de champiñones
4. ½ taza de vino blanco seco
5. 6 dientes de ajo
6. 1 taza de cebollas perla congeladas (descongelar antes de usar)
7. 3 ramitos de romero fresco
8. Sal a gusto
9. 2 cucharadas soperas de harina de maíz
10. ¼ taza de agua

Pasos:

1. Cocine el tocino a temperatura media-baja en una sartén grande. Transfiera el tocino a la olla de cocción lenta.
2. Luego cocine el pollo en la sartén hasta

que se dore y transfiéralo también a la olla.
3. Vierta el vino en la sartén para raspar los restos de tocino y pollo y después agregue el contenido a la olla.
4. Agregue las cebollas, los champiñones, el romero, sal y ajo a la olla y déjelos cocinar durante 3 horas en velocidad alta o 6 horas en velocidad baja.
5. Añada la salsa de la olla a la sartén y el resto de los ingredientes a una fuente. Cocine la salsa junto con harina de maíz y agua hasta que se vuelva espesa o alrededor de 5 minutos
6. Viértala sobre el tocino y el pollo y sírvalos calientes.

5. Receta de porotos blancos e hinojo

Porciones: 6
Tamaño de la olla: 4 a 6 litros
Tiempo de preparación: 15 minutos
Tiempo de cocción: 8 horas

Ingredientes:

1. 4 muslos de pollo deshuesado
2. 4 zanahorias
3. 8 tazas de caldo de pollo (preferiblemente bajo en sodio)
4. 2 tallos de apio picados
5. 1 cebolla grande picada
6. 1 bulbo grande de hinojo picado
7. 1 taza de porotos blancos secos
8. 2 hojas secas de laurel
9. ½ taza de fideos finos
10. Sal y pimienta a gusto
11. Pan de campo para servir (opcional)

Pasos:

1. Coloque las zanahorias, el pollo, el caldo, el apio, la cebolla, el hinojo, los porotos, sal y pimienta y las hojas de

laurel en la olla de cocción lenta.
2. Coloque la tapa y cocine en modo Alto alrededor de 4 a 5 horas o en Bajo de 7 a 8 horas.
3. Veinte minutos antes de servir, transfiera el pollo a un bol y cocine la pasta en modo alto.
4. Quite las hojas de laurel y corte los fideos.
5. Sirva el pollo con la sopa de fideos y pan.

6. Pollo verde

Porciones: 6

Tamaño de la olla: 6 litros

Tiempo de preparación: 15 minutos

Tiempo de cocción: 4 horas

Ingredientes:

1. 6 pechugas de pollo cortadas a la mitad y sin piel
2. 4 jalapeños
3. 5 chiles poblanos
4. 1 cebolla grande picada
5. 5 dientes de ajo picados
6. 5 ½ tazas de tomatillos picados
7. 1 cucharada de azúcar
8. 1 lata de ajíes verdes en agua picados
9. ½ cucharadita de comino molido
10. 1 cucharada de aceite de canola
11. Sal y pimienta a gusto
12. 1/3 taza de crema agria
13. ¼ taza de cilantro picado

Pasos:

1. Ase los jalapeños y los chiles poblanos

en la parrilla durante diez minutos o hasta que se rosticen. Deles la vuelta de vez en cuando. Pélelos una vez que se hayan enfriado y córtelos por la mitad. Quite la membrana y las semillas. Pique los jalapeños y los chiles poblanos finamente.
2. Agregue los tomatillos, los jalapeños, los chiles poblanos, las cebollas, el azúcar, el ajo y el ají verde a un bol grande.
3. Espolvoree el pollo con pimienta y comino y cocínelo a temperatura media-alta en una asadera grande hasta que se dore de ambos lados.
4. Coloque el pollo en la olla de cocción lenta junto con la mezcla de tomatillo. Cocine todo a baja temperatura alrededor de 3 horas y media.
5. Retire el pollo, vierta la salsa en una cacerola y póngala a hervir. Reduzca la temperatura y cocine sin la tapa hasta que el líquido se reduzca a casi 4 tazas.
6. Sirva la salsa con el pollo y acompáñelo con crema y cilantro picado.

7. Pollo picante con arroz

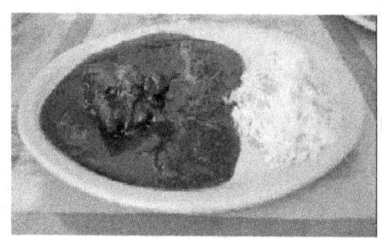

Porciones: 6
Tamaño de la olla: 5 litros
Tiempo de preparación: 15 minutos
Tiempo de cocción: 5 horas

Ingredientes:

1. 6 muslos de pollo sin piel
2. 1 lata de tomates cocidos picados
3. 6 patas de pollo sin piel
4. 1/3 de cebolla picada finamente
5. 1 cucharadita de aceite de canola
6. 1/3 taza de vino blanco seco
7. ½ cucharadita de toronjil sin sal
8. ¼ cucharadita de sal
9. ½ cucharadita de condimento italiano

seco
10. 2 dientes de ajo picados
11. 3 tazas de arroz cocido
12. ¼ cucharadita de pimineto rojo molido
13. ¼ cucharadita de estragón seco

Pasos:

1. Quite toda la grasa del pollo.
2. Caliente una sartén grande a temperatura media y cúbrala con el aceite.
3. Coloque el pollo allí y déjelo cocer hasta que se dore, dándolo vueltas de vez en cuando. Tomará alrededor de 6 minutos.
4. Coloque el pollo en la olla de cocción lenta.
5. Saltée la cebolla y el ajo en la sartén alrededor de dos minutos. Después agregue el vino y los tomates. Retire del fuego y agregue el condimento italiano, el toronjil, sal, el pimiento rojo y el estragón seco.
6. Agregue esta mezcla de tomate sobre el pollo en la olla de cocción lenta.
7. Coloque la tapa de la olla y cocine

durante 5 horas en modo Bajo.
8. Sírvalo con arroz cocido.

8. Sándwiches de pollo desmenuzado

Porciones: 8
Tamaño de la olla: 4 litros
Tiempo de preparación: 15 minutos
Tiempo de cocción: 4 horas

Ingredientes:

1. 4 pechugas de pollo deshuesado y sin piel cortadas por la mitad
2. 3 tazas de cebolla cortada en rodajas finas
3. 1 taza de ketchup
4. 1 cucharadita de aceite de canola
5. 2 cucharadas de vinagre de sidra
6. 1 cucharada de mostaza Dijon
7. 2 cucharadas de melasa

8. ½ cucharadita de ajo en polvo
9. 1 cucharadita de cebolla en polvo
10. ½ cucharadita de salsa picante
11. 1 cucharadita de comino molido
12. 8 panes de trigo integral para hamburguesa
13. 2 rebanadas de queso

Pasos:

1. Coloque las cebollas en la olla de cocción lenta.
2. Caliente una sartén grande y agréguele aceite. Cocine el pollo en la sartén hasta que se dore de ambos lados, alrededor de 6 ó 7 minutos.
3. Agregue el pollo sobre las cebollas en la olla.
4. Ponga el ketchup con el resto de los ingredientes (excepto los panes) y viértalos sobre el pollo.
5. Cocine todo en modo Bajo durante 4 horas.
6. Extraiga el pollo de la olla cuando se haya cocido completamente y trócelo usando dos tenedores.
7. Mezcle el pollo trozado en la salsa.

8. Tueste los panes.
9. Ponga alrededor de ¾ taza de la mezcla de pollo en el pan inferior y luego cúbralo con la tapa.

9. Muslos de pollo dulces

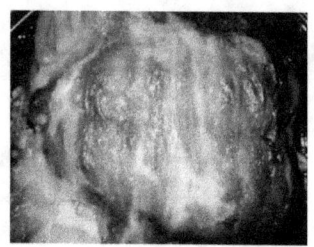

Porciones: 6
Tamaño de la olla: 4 litros
Tiempo de preparación: 15 minutos
Tiempo de cocción: 3 horas

Ingredientes:

1. 1 kilo de muslos de pollo deshuesados y sin piel
2. Aceite en aerosol
3. 1 taza de jugo de piña
4. Sal y pimienta al gusto
5. 2 cucharadas de azúcar morena
6. 3 cucharadas de agua
7. 3 cucharadas de cebolla de verdeo rebanada

8. 2 cucharadas soperas de harina de maíz
9. 2 cucharadas de salsa de soja baja en sodio
10. 1 cucharada de aceite de oliva
11. 2 tazas de arroz cocido

Pasos:

1. Sazone el pollo con sal y pimienta.
2. Caliente aceite en una asadera grande y cocine el pollo sobre esta alrededor de 3 minutos de cada lado o hasta que se haya dorado.
3. Transfiera el pollo a la olla de cocción lenta.
4. Añada el jugo de piña a la sartén para raspar los restos de pollo que quedaron en la asadera. Retire la asadera de la sartén y añada la salsa de soja y el azúcar morena.
5. Vierta esta mezcla sobre el pollo y cocine todo alrededor de 2 horas y 45 inutos en modo Bajo.
6. Transfiera solamente el pollo a una fuente y aumente a nivel Alto la temperatura de la olla de cocción lenta.
7. Mezcle 3 cucharadas de agua y harina

de maíz en un bol y agréguelo a la salsa en la olla. Mezcle bien y cocine alrededor de 2 ó 3 minutos o hasta que la salsa se vuelva espesa. Asegúrese de revolver constantemente la salsa mientras esta se cocina.
8. Sírvala con una porción de arroz y los muslos de pollo y la salsa arriba. Esparsa la cebolla de verdeo encima.

10. Enchilada de pollo

Porciones: 8
Tamaño de la olla: 5 litros
Tiempo de preparación: 20 minutos
Tiempo de cocción: 2 horas

Ingredientes:

1. 2 tazas de pechuga de pollo asado
2. 1 cucharadita de aceite de canola
3. ½ taza de ajíes sin semillas
4. 1 lata de tomates en cubo sin sal agregada
5. Aceite en aerosol
6. 1 taza de minimazorcas de maíz
7. 1 taza de cebolla picada
8. 2 dientes de ajo picados
9. 1 ½ cucharadita de chiles chipotle en polvo
10. Varas de cilantro
11. 2 tazas de queso cheddar rallado
12. 5 tortillas de harina y maíz
13. 1 lata de salsa de tomate con ajo, orégano y albahaca

14. 1 lata de porotos negros en agua, enjuagados y escurridos

Pasos:

1. Caliente una sartén grande a temperatura media. Caliente aceite y agregue los chiles poblanos, el ajo y la cebolla. Cocine hasta que las verduras se ablanden, alrededor de 6 minutos.
2. Añada los tomates, la salsa de tomate y el ají en polvo a la sartén y mézclelos bien.
3. Mezcle la salsa de tomate en la licuadora hasta que se vuelva un líquido parejo. Hágalo en dos tandas para evitar que se rebalse.
4. Cubra la olla de cocción lenta con aceite en aerosol y añada alrededor de 3 cucharadas de la mezcla de tomate. Combine el resto de la mezcla con el maíz, los porotos y el pollo.
5. Coloque una tortilla sobre la salsa en la olla y añada alrededor de 1 taza de la mezcla con pollo sobre la masa. Esparza 1/3 taza de queso cheddar y luego tape todo con otra tortilla. Repita el

procedimiento con el pollo, el queso y las tortillas restantes.

6. Coloque la tapa de la olla y cocine en Bajo alrededor de 2 horas o hasta que los bordes se hayan dorado ligeramente.
7. Córtelo en 8 porciones triangulares y adorne con cilantro.

11. Pollo asiático

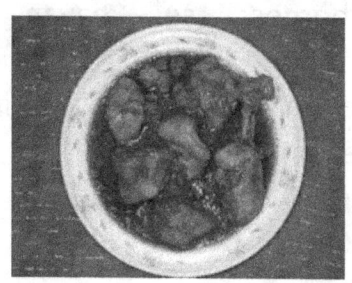

Porciones: 8

Tamaño de la olla: 5 litros

Tiempo de preparación: 20 minutos

Tiempo de cocción: 6 horas

Ingredientes:

1. 1 kilo de muslos de pollo deshuesado cortados en cubos de 4 cm.
2. ½ taza de yogur natural
3. 1 lata de tomates en cubos, escurridos
4. 2 cucharadas de jengibre molido
5. 1 cebolla picada gruesa
6. 2 cucharaditas de curry en polvo
7. 1 papa horneada, pelada y cortada en

cubos.
8. ½ cucharadita de comino molido
9. 1 cucharadita de coriandro molido
10. ½ cucharadita de pimiento rojo molido
11. 1 cucharadita de sal
12. 2 hojas de laurel
13. 1 rama de canela
14. 4 tazas de arroz integral de grano largo
15. ¼ taza de cilantro fresco

Pasos:

1. Saltée el pollo en una sartén a temperatura alta alrededor de 8 minutos o hasta que se dore ligeramente.
2. Coloque el pollo en la olla de cocción lenta.
3. Cocine la cebolla en la sartén durante casi 3 minutos. Agregue el jengibre, el curry en polvo, el comino, el coriandro, el pimiento rojo y el ajo con las cebollas.
4. Coloque esta mezcla sobre el pollo junto con la papa, la rama de canela, los tomates, las hojas de laurel y la sal.
5. Coloque la tapa de la olla y cocine en

Bajo durante 6 horas. Quite la rama de canela y las hojas de laurel una vez que haya terminado.
6. Mezcle el yogurt con el pollo.
7. Sirva el pollo con el arroz. Esparza cilantro para adornar.

12. Pollo mediterráneo

Porciones: 6
Tamaño de la olla: 5 litros
Tiempo de preparación: 15 minutos
Tiempo de cocción: 4 horas

Ingredientes:

1. 12 muslos de pollo con hueso y sin piel
2. 1 cebolla picada gruesa
3. 1 limón pequeño
4. 1 lata de tomates perita enteros picados gruesos
5. 2 cucharadas de alcaparras escurridas
6. 1 cucharada de aceite de oliva
7. 12 aceitunas Kalamata sin carozo,

cortadas por la mitad
8. Romero y perejil frecos picados

Pasos:

1. Ralle el limón, quíítele la cáscara y extraiga el jugo. Coloque la cáscara en un bol, cúbralo y métalo al refrigerador.
2. Coloque las cebollas, el limón, las aceitunas, las alcaparras y el tomate en la olla de cocción lenta.
3. Sazone el pollo con pimienta y cocínelo en una sartén hasta que se dore de ambos lados (como se hizo en recetas anteriores). Transfiera el pollo a la olla y cocine todo durante 4 horas en modo Bajo.
4. Ponga los muslos de pollo en una fuente.
5. Agregue los trozos de cáscara de tomate a la salsa y sírvala con el pollo. Adorne con perejil y romero.

13. Pollo agridulce

Porciones: 6

Tamaño de la olla: 5-6 litros

Tiempo de preparación: 20 minutos

Tiempo de cocción: 6 horas

Ingredientes:

1. 4 pata-muslos de pollo
2. 2 cucharaditas de comino molido
3. 3 dientes de ajo picados
4. 1 lata de tomates en cubos
5. 7,6 cm de jengibre fresco, pelado y cortado en rebanadas
6. 1 cucharada de aceite de oliva extravirgen
7. Sal y pimienta al gusto
8. ½ cucharadita de canela molida
9. 1 cebolla mediana cortada en porciones pequeñas
10. ½ taza de pasas de uva

Pasos:

1. Junte la canela, sal, el comino y pimienta en una bolsa y mézclelos; luego el pollo, y revuelva todo para que cubra la superficie este último.
2. Caliente una asadera y cocínelo hasta que se dore de ambos lados, alrededor de 6 minutos.
3. Coloque el ajo, la cebolla y el jengibre en la olla de cocción lenta. Agregue el pollo, los tomates con jugo y las pasas.
4. Coloque la tapa de la olla y cocine en Bajo alrededor de 6 horas o 3 horas y media en Alto.
5. Sírvalo con pan o arroz.

14. Pollo y naranja

Porciones: 4
Tamaño de la olla: 4 a 6 litros
Tiempo de preparación: 15 minutos
Tiempo de cocción: 4 horas

Ingredientes:

1. 4 muslos de pollo sin piel
2. ½ taza de mermelada de naranja
3. ½ taza de jugo de naranja
4. 1 diente de ajo picado
5. ¼ taza de salsa de soja
6. Harina para enharinar
7. 2 cucharadas de ketchup

8. 2 tazas de arroz cocido

Pasos:

1. Quite toda la grasa visible del pollo.
2. Reboce el pollo con harina hasta que quede totalmente cubierto.
3. Coloque el pollo en la olla de cocción lenta.
4. Junte todos los ingredientes restantes en un bol y échelos sobre el pollo.
5. Coloque la tapa de la olla y cocine durante 4 horas en modo Bajo.
6. Retire el pollo y la salsa, sírvalos con arroz cocido.

15. Pollo y frijoles

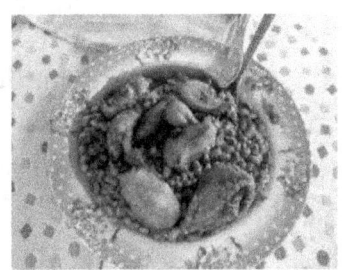

Porciones: 4
Tamaño de la olla: 5 a 6 litros
Tiempo de preparación: 15 minutos
Tiempo de cocción: 8 horas

Ingredientes:
1. 8 muslos de pollo deshuesado y sin piel
2. 2 cucharadas de chiles chipotle enlatados, picados
3. 1 tarro de salsa suave
4. 1 taza de frijoles pintos deshidratados, lavados
5. Sal y pimienta al gusto
6. 2 cucharadas de de harina común
7. 1 cebolla morada mediana picada

8. ¼ taza de crema agria
9. ¼ taza de cilantro fresco picado
10. 1 morrón picado y sin semillas

Pasos:

1. Coloque los frijoles, la harina, la salsa y 1 taza de agua en la olla de cocción lenta y mezcle bien.
2. Sazone el pollo con sal y pimienta y agréguelo a la mezcla de salsa.
3. Coloque la tapa de la olla y cocine durante 8 horas.
4. Retire el pollo y córtelo en trozos grandes. Agregue los trozos de pollo al estofado y sirva todo con el cilantro y la crema agria por encima.

Recetas para la cena

16. Pollo con papa y zanahorias

Porciones: 6

Tamaño de la olla: 6 litros

Tiempo de preparación: 15 minutos

Tiempo de cocción: 3 ½ horas

Ingredientes:

1. 6 muslos de pollo sin piel
2. 1 cebolla rebanada verticalmente
3. 2 tazas de zanahorias baby
4. ½ taza de caldo de pollo
5. 6 papas rojas pequeñas cortadas en rodajas
6. 1 cucharada de tomillo fresco picado
7. 1 cucharadita de pimentón
8. 1 cucharadita de aceite de oliva
9. Sal y pimienta al gusto
10. 1 cucharadita de ajo picado
11. ½ taza de vino blanco seco

Pasos:

1. Coloque las papas, las zanahorias y las cebollas en la olla de cocción lenta
2. En un bol grande, junte el caldo de pollo, sal y pimienta, el vino, el tomillo, el ajo y mézclelos bien. Vierta esta mezcla sobre las verduras en la olla.
3. Combine el pimentón con un poco de sal y pimienta y restréguelos sobre el pollo. Cocine el pollo en una asadera grande hasta que se haya dorado de ambos lados, alrededor de 6 minutos.
4. Coloque el pollo encima de las verduras. Coloque la tapa de la olla y cocine en Bajo alrededor de 3 ½ o hasta que el pollo esté totalmente cocido.
5. Sirva todo sobre una base de arroz.

17. Pollo curry

Porciones: 6
Tamaño de la olla: 4 a 6 litros
Tiempo de preparación: 15 minutos
Tiempo de cocción: 8 horas

Ingredientes:

1. 10 muslos de pollo deshuesado y sin piel
2. 1/3 taza de pasta de tomate
3. 1 cucharada de jengibre fresco rallado
4. 1 ½ taza de arroz blanco cocido
5. 2 cebollas de verdeo cortadas en rebanadas finas
6. 1 cucharadita de comino molido

7. 4 dientes de ajo picados
8. 1 cucharada de jengibre fresco
9. 2 cucharadas de curry en polvo
10. 1 cebolla picada
11. Sal y pimienta al gusto
12. ½ taza de yogur griego

Pasos:

1. Bata el jengibre, ¾ taza de agua, la salsa de tomate, el ajo, el comino y el curry juntos. Agregue la cebolla y mezcle bien. Coloque esta pasta en la olla de cocción lenta.
2. Sazone el pollo con sal y pimienta y agréguelo a la olla junto con la pasta.
3. Coloque la tapa de la olla y cocine en Bajo durante 8 horas.
4. Agregue el yogur y un poco más de sal, si lo desea, antes de servir.
5. Sírvalo con arroz y adorne la superficie con rebanadas de cebolla de verdeo.

18. Pollo cocido con salsa de soja

Porciones: 4

Tamaño de la olla: 5 a 6 litros

Tiempo de preparación: 10 minutos

Tiempo de cocción: 8 horas

Ingredientes:

1. 8 muslos de pollo sin piel
2. 2 cebollas medianas rebanadas
3. 1/3 taza de vinagre de sidra de manzana
4. 1 cucharada de azúcar morena
5. Sal y pimienta al gusto
6. 1 cucharadita de pimentón
7. 1 taza de arroz blanco cocido
8. 4 dientes de ajo machacados
9. 1/3 taza de salsa de soja
10. 1 bok choy grande (repollo chino) cortado en tiras pequeñas
11. 2 cebollas de verdeo cortadas en rebanadas finas
12. 1 cucharada de azúcar morena

Pasos:

1. Junte el vinagre, la salsa de soja, el ajo, las cebollas, el azúcar morena, pimienta y una hoja de laurel en la olla de cocción lenta. Coloque el pollo encima y espolvoréelo con pimentón.
2. Coloque la tapa de la olla y cocine en Bajo durante 8 horas o Alto durante 4 horas si lo prepara para el almuerzo.
3. Si lo está cocinando en Bajo, cambie la temperatura a Alto los últimos diez minutos.
4. Agregue el bok choy al pollo cuidadosamente y cocine todo durante otros 5 minutos.
5. Sírvalo con arroz y decórelo con cebolla de verdeo.

19. Langosta y filete con camarones y pollo

Porciones: 8
Tamaño de la olla: 6 litros
Tiempo de preparación: 15 minutos
Tiempo de cocción: 5 horas

Ingredientes:

1. 4 muslos de pollo deshuesado y sin piel cortados en trozos pequeños
2. 4 pechugas de pollo deshuesado y sin piel cortadas en trozos pequeños
3. 2 tazas de cebolla picada
4. 1 taza de apio picado
5. 1 taza de pimiento verde picado
6. 2 dientes de ajo picados
7. ½ cucharadita de tomillo seco
8. 113 g de kielbasa (salchicha) cortada en rebanadas
9. 2 cucharaditas de condimento cajún
10. ¼ cucharadita de pimentón español ahumado
11. 1 lata de caldo de pollo sin grasa
12. 453 g de camarones medianos pelados

y desvenados
13. 1 cucharada de salsa picante
14. 2 cucharadas de perejil picado
15. 2 ½ tazas de arroz cocido de grano largo
16. 2 latas de tomates en cubos con pimientos verdes y cebollas, sin escurrir

Pasos:

1. Caliente una asadera a fuego alto y cocine el pollo de ambos lados hasta que se dore ligeramente, alrededor de 4 minutos. Coloque el pollo en la olla de cocción lenta.
2. Agregue el apio, el morrón, la cebolla y el ajo a la asadera y cuézalos hasta que se ablanden, alrededor de 4 minutos.
3. Agregue la kielbasa, la mezcla de cebolla, el condimento cajún, el tomillo seco, los tomates, el pimentón y el caldo de pollo a la olla de cocción lenta.
4. Coloque la tapa de la olla y cocine en modo Bajo durante 5 horas.
5. Agregue el arroz cocido y los ingredientes restantes a la olla y cocine todo en modo Alto alrededor de 15

minutos o hasta que los camarones se hayan cocido.

20. Pollo picante estofado

Porciones: 6
Tamaño de la olla: 5 litros
Tiempo de preparación: 10 minutos
Tiempo de cocción: 4 horas

Ingredientes:

1. 4 muslos de pollo deshuesado y sin piel
2. 0,45 kg de pechugas de pollo deshuesado y sin piel
3. 2 papas horneadas, peladas y cortadas en cubos
4. 2 tallos de apio picados
5. 1 cebolla picada gruesa
6. 1 paquete de maíz de grano entero

congelado
7. 2 zanahorias peladas y cortadas en cubos
8. 2 ½ tazas de caldo de pollo bajo en sodio
9. 2 dientes de ajo picados
10. 1 ½ cucharaditas de comino molido
11. 1 taza de salsa embotellada
12. 1 cucharadita de chili en polvo
13. Sal y pimienta al gusto
14. 4 tortillas de maíz cortadas en tiras

Pasos:

1. Coloque las papas, el maíz, el apio, las zanahorias, las cebollas y el ajo en la olla de cocción lenta Añada la salsa encima, junto con pimienta, el comino y el chili en polvo. Coloque el pollo encima de las verduras. Eche el caldo encima.
2. Coloque la tapa de la olla y cocine en Alto durante 4 horas.
3. Retire el pollo y córtelo en trozos con un tenedor.
4. Coloque el resto de las verduras y el caldo en una fuente. Añada los trozos

de pollo y las tiras de tortilla al estofado.

21. Pollo con mole

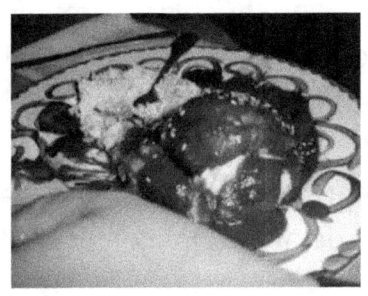

Porciones: 6
Tamaño de la olla: 5-6 litros
Tiempo de preparación: 15 minutos
Tiempo de cocción: 4 horas y 15 minutos

Ingredientes:

1. 12 muslos de pollo deshuesado y sin piel
2. 1 lata de tomates enteros
3. 2 chiles ancho secos con tallo
4. 1 cebolla mediana picada gruesa
5. 1 chile chipotle grande remojado en salsa de adobo
6. Sal a gusto

7. ¼ taza de pasas de uva
8. ½ taza de almendras partidas y tostadas
9. 3 dientes de ajo pelados y machacados
10. ¾ cucharadita de comino molido
11. ½ taza de chocolate amargo, picado finamente
12. 3 cucharadas de aceite de oliva extravirgen
13. ½ cucharadita de canela molida
14. 2 tazas de arroz blanco cocido

Pasos:

1. Sazone los muslos de pollo con sal y colóquelos en la olla de cocción lenta.
2. Haga puré el resto de los ingredientes (excepto el arroz) en la licuadora. Agregue esta mezcla a la olla.
3. Coloque la tapa de la olla y cocine en modo Bajo durante 8 horas o en Alto durante 4 horas si lo prepara para el almuerzo.
4. Sirva todo sobre una base de arroz.

22. Pollo con ajo y cuscús

Porciones: 4
Tamaño de la olla: 5-6 litros
Tiempo de preparación: 25 minutos
Tiempo de cocción: 4 horas

Ingredientes:

1. 1 pollo entero cortado en 8 piezas
2. 1 cebolla mediana cortada en rebanadas finas
3. Sal y pimienta al gusto
4. 1 cucharada de aceite de oliva extravirgen
5. 1 taza de vino blanco seco
6. 6 dientes de ajo cortados por la mitad
7. 1 taza de cuscús, cocido según las instrucciones del paquete
8. 1/3 taza de harina común
9. 2 cucharaditas de tomillo seco

Pasos:

1. Sazone el pollo con sal y pimienta y áselo en una asadera grande hasta que se hayan dorado todos sus lados. Es

preferible que lo cocine en tandas para asegurarse de que se dore bien. Debería tomar aproximadamente 4 minutos por cada tanda.

2. Coloque el tomillo, el ajo y la cebolla en la olla de cocción lenta Agregue sal y pimienta para sazonar Coloque el pollo encima de las cebollas en la olla, con la piel hacia arriba. Asegúrese de hacer una capa concisa.
3. Coloque el vino y la harina en un bol pequeño y bátalos hasta que se hayan mezclado. Agregue esto a la olla también.
4. Coloque la tapa de la olla y cocine en Bajo durante 7 horas o 3 ½ horas en modo Alto .
5. Sirva el pollo sobre el cuscús.

23. Estofado mexicano

Porciones: 4
Tamaño de la olla: 5 litros
Tiempo de preparación: 20 minutos
Tiempo de cocción: 7 horas

Ingredientes:

1. 4 pechugas de pollo deshuesado y sin piel
2. 1 cucharada de aceite de oliva extravirgen
3. 1 cebolla mediana picada finamente
4. ½ cucharadita de azúcar morena
5. 1 (400g) lata de tomates picados
6. 1 cebolla morada pequeña cortada en

rodajas
7. 1 cucharadita de salsa de chipotle
8. 4 tortillas de maíz

Pasos:

1. Caliente aceite en una sartén con asadera grande y saltée las cebollas. Coloque las cebollas junto con el resto de los ingredientes en la olla de cocción lenta.
2. Coloque la tapa de la olla y cocine en modo Bajo durante 7 horas.
3. Retire el pollo y córtelo en trozos con dos tenedores. Coloque el pollo de vuelta en la salsa. Sirva todo con tortillas.

24. Estofado de pollo con vino blanco

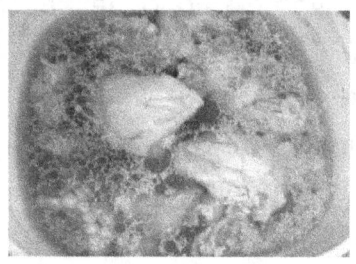

Porciones: 4

Tamaño de la olla: 6 litros
Tiempo de preparación: 15 minutos
Tiempo de cocción: 4 horas

Ingredientes:

1. 0,45 kg de pechugas de pollo deshuesado y sin piel cortadas en cubos
2. 1 taza de caldo de pollo
3. 3 cucharadas de aceite de oliva
4. 0,45 kg de hongos Cremini cortados en cuatro partes
5. 2 cebollas rebanadas
6. 2 hongos Portobello rebanados
7. 1 taza de vino blanco seco
8. Sal y pimienta al gusto

Pasos:

1. Caliente aceite en una asadera grande y cocine el pollo hasta que se dore de ambos lados, alrededor de 5 minutos.
2. Coloque las cebollas y los hongos en una sartén y saltéelos hasta que ambos liberen el jugo y se doren. Asegúrese de revolver constantemente.
3. Coloque las cebollas y los hongos en la

olla de cocción lenta. Coloque el pollo sobre dichos ingredientes y sazone con sal y pimienta.

4. Coloque la tapa de la olla y cocine en Bajo durante 4 horas o hasta que el pollo se ablande.

25. Pollo Stroganoff

Porciones: 4
Tamaño de la olla: 5 litros
Tiempo de preparación: 15 minutos
Tiempo de cocción: 5 horas y 30 minutos

Ingredientes:

1. 4 medias pechugas de pollo deshuesado y sin piel cortadas en cubos
2. 1 paquete de queso para untar (227 gramos)
3. 1 lata de crema condensada de sopa de pollo
4. 1/8 taza de margarina
5. 1 paquete de mezcla de aderezo seco para ensalada tipo italiana

Pasos:

1. Coloque la mezcla de aderezo, la margarina y el pollo en la olla de cocción lenta.
2. Coloque la tapa de la olla y cocine durante 5 horas en modo Bajo.
3. Añada el resto de los ingredientes al pollo y cocine todo durante otra media hora en modo Alto.

26. Pollo a la barbacoa

Porciones: 4
Tamaño de la olla: 6 litros
Tiempo de preparación: 5 minutos
Tiempo de cocción: 4 horas

Ingredientes:

1. 3 pechugas de pollo grandes, sin piel y con hueso
2. 3 cucharadas de azúcar morena
3. 2 cucharadas de condimento común para carne
4. 1 taza de salsa barbacoa

Pasos:

1. Haga 4 bolas grandes de papel aluminio

y colóquelas en la base de la olla de cocción lenta.
2. Sazone el pollo con el azúcar morena y el condimento para carne.
3. Coloque las pechugas de pollo en los bollos de aluminio en la olla y vierta la salsa barbacoa sobre estos.
4. Coloque la tapa de la olla y cocine en modo Alto durante 4 horas o hasta que el pollo esté totalmente cocido.
5. Sirva el pollo en una fuente y vierta los jugos que quedaron en la olla sobre este.
6. También puede trozar el pollo, mezclarlo con los jugos y servirlo con arroz.

27. Pollo al limón

Porciones: 8
Tamaño de la olla: 5-6 litros
Tiempo de preparación: 15 minutos
Tiempo de cocción: 6 horas

Ingredientes:

1. 12 muslos de pollo deshuesado y sin piel
2. 1 taza de caldo de pollo bajo en sodio
3. Sal y pimienta al gusto
4. 1 limón rebanado
5. 2 cucharadas de aceite de oliva, dividido
6. ¾ taza de aceitunas verdes sin carozo
7. ¼ taza de harina o harina de maíz
8. 2 cucharadas de jugo de limón recién exprimido

Pasos:

1. Caliente aceite en una asadera grande a temperatura media y cocine el pollo hasta que se dore de ambos lados, alrededor de seis minutos. Es preferente que lo haga en tandas,
2. Coloque el pollo en la olla de cocción

lenta y cúbralo con las rodajas de limón.
3. Junte la harina, el comino y el jugo y bátalos hasta que se hayan combinado. Eche el caldo sobre el pollo y agregue las aceitunas y pimienta negra para condimentar.
4. Coloque la tapa de la olla y cocine en modo Bajo durante 6 horas o hasta que esté bien cocido.

28. Pollo jamaicano

Porciones: 8
Tamaño de la olla: 6 litros
Tiempo de preparación: 15 minutos
Tiempo de cocción: 3 horas

Ingredientes:

1. 8 mitades de muslos de pollo deshuesado y sin piel
2. 2 cucharadas de vinagre de arroz
3. 2 cucharaditas de especias Jerk
4. ½ taza de azúcar morena
5. 1 ½ tazas de néctar de mango
6. 2 cucharadas de jarabe de maíz negro

Pasos:

1. Coloque el néctar, el jarabe de maíz, las especias Jerk y el vinagre de arroz en la olla de cocción lenta y mézclelos bien. Agregue el pollo y cúbralo con la salsa.
2. Coloque la tapa de la olla y cocine en Alto durante 3 horas.

29. Patas de pollo ahumadas con té

Porciones: 6
Tamaño de la olla: 5 a 7 litros
Tiempo de preparación: 5 minutos
Tiempo de cocción: 5 horas

Ingredientes:

1. 6 patas de pollo sin piel
2. 2 tazas de caldo de pollo
3. 8 saquitos de té negro
4. 1 rama de canela
5. 4 rebanadas de jengibre
6. ¼ taza de salsa hoisin
7. ½ taza de salsa de soja

Pasos:

1. Hierva el caldo de pollo en una sartén y agregue el té, la canela y el jengibre. Retire del fuego y deje que el caldo se enfríe. Vierta y mezcle la salsa hoisin con la de soja.
2. Cubra con un poco de salsa las patas de pollo. Vierta el resto en la olla de cocción lenta. Agregue las patas de pollo.
3. Coloque la tapa de la olla y cocine durante 5 horas, humedeciendo el pollo 3 ó 4 veces durante la cocción.

30. Sopa de pollo y maíz

Porciones: 6
Tamaño de la olla: 4 a 6 litros
Tiempo de preparación: 15 minutos
Tiempo de cocción: 8-9 horas

Ingredientes:

1. 0,45 kg de pechugas de pollo deshuesado y sin piel cortadas en cubos
2. ½ cucharadita de ajo picado
3. 354 cc de maíz hecho crema
4. ½ taza de apio picado
5. ¾ taza de zanahorias cortadas en rodajas
6. 1 taza de cebolla picada
7. Sal y pimienta al gusto

8. 2 papas medianas cortadas en cubos
9. 340 g de maíz congelado
10. 2 tazas de caldo de pollo bajo en sodio

Pasos:

1. Combine todos los ingredientes en la olla de cocción lenta.
2. Coloque la tapa de la olla y cocine durante 8 horas.

Recetas rápidas para la olla de cocción lenta

31. Pollo con higos

Porciones: 6

Tamaño de la olla: 5-7 litros

Tiempo de preparación: 15 minutos

Tiempo de cocción: 2 horas

Ingredientes:

1. 6 mitades de pechugas de pollo deshuesado y sin piel
2. 2 cucharadas de aceite vegetal
3. Sal y pimienta negra recién molida, al gusto

4. ½ taza de vinagre balsámico
5. ½ taza de caldo de pollo bajo en sodio
6. ½ taza de Oporto Ruby
7. 16 higos deshidratados
8. 1 cucharadita de tomillo seco

Pasos:

1. Sazone el pollo con sal y pimienta y áselo en una asadera grande hasta que se haya dorado de ambos lados, alrededor de 6 minutos.
2. Transfiera el pollo a la olla de cocción lenta.
3. Rasque los restos quemados de la asadera con una espátula, usando el Oporto y el vinagre, y luego vierta esto sobre el pollo.
4. Agregue todos los ingredientes restantes.
5. Coloque la tapa de la olla y cocine en Alto durante 2 horas.

32. Muslos de pollo al pesto

Porciones: 8

Tamaño de la olla: 6 litros

Tiempo de preparación: 15 minutos

Tiempo de cocción: 3 horas

Ingredientes:

1. 8 muslos de pollo deshuesado
2. 1 paquete de mezcla de condimentos
3. ½ taza de caldo de pollo
4. Jarra de 177 cc de pesto

Pasos:

1. Coloque los muslos de pollo, los condimentos, el pesto y el caldo en la olla de cocción lenta.
2. Coloque la tapa de la olla y cocine en modo Alto durante dos horas y media o hasta que el pollo esté cocido.

33. Alas de sésamo y miel

Porciones: 4

Tamaño de la olla: 4 litros

Tiempo de preparación: 15 minutos

Tiempo de cocción: 2 horas

Ingredientes:

1. 0,68 kg de alas de pollo
2. 1/8 taza de aceite
3. Sal y pimienta al gusto
4. 1 taza de miel
5. ½ taza de salsa de soja
6. ¼ taza de ketchup
7. 1 diente de ajo picado
8. Semillas de sésamo para decorar

Pasos:

1. Coloque las alas de pollo en la parrilla y espolvoréelas por encima con sal y pimienta. Coloque la sartén alrededor de 13 cm por debajo de la parrilla y ase el pollo durante 7 minutos de cada lado o hasta que se haya dorado.
2. Transfiera la alas a la olla de cocción

lenta y agregue el resto de los ingredientes, excepto las semillas de sésamo.
3. Coloque la tapa de la olla y cocine en modo Alto durante 2 horas.

34. Sopa toscana

Porciones: 4
Tamaño de la olla: 5 litros
Tiempo de preparación: 15 minutos
Tiempo de cocción: 3 horas

Ingredientes:

1. 0,45 kg de muslos de pollo deshuesado y sin piel cortados en trozos pequeños
2. 1 taza de cebolla picada
3. Sal y pimienta negra recién molida, al gusto
4. 1 lata de caldo de pollo bajo en sodio
5. 1 lata de frijoles cannellini en agua,

enjuagados y escurridos
6. 3 dientes de ajo picados
7. 8 cucharadas de queso Parmesano rallado
8. 1 paquete de espinaca baby fresca
9. ½ cucharadita de romero picado
10. 1 botella de morrones asados, escurridos y cortados en trozos pequeños
11. 2 cucharadas soperas de pasta de tomate

Pasos:

1. Coloque las cebollas, los frijoles, el caldo, los morrones, pimienta, sal, el pollo y el ajo en la olla de cocción lenta.
2. Coloque la tapa de la olla y cocine en Alto durante una hora. Reduzca la temperatura y luego cocine durante otras 2 horas o hasta que el pollo esté totalmente cocido.
3. Añada el romero y la espinaca y cocine en Bajo durante otros 10 minutos.
4. Sirva la sopa en tazones, cubierta con queso.

35. Pollo a la *cacciatore*

Porciones: 8
Tamaño de la olla: 5 litros
Tiempo de preparación: 15 minutos
Tiempo de cocción: 3 horas

Ingredientes:
1. 8 patas de pollo con hueso y sin piel
2. 8 muslos de pollo con hueso y sin piel
3. Sal y pimienta negra al gusto
4. 2 cucharadas de ajo picado
5. 1 cucharada de aceite de oliva
6. 1 paquete de champiñones, cortados en cuatro partes
7. 1 cebolla grande rebanada

8. 1 pimiento morrón rojo rebanado
9. 1 pimiento morrón verde rebanado
10. 1/3 taza de harina común
11. 2 cucharadas de tomillo fresco picado
12. 2 cucharadas de orégano fresco picado
13. ½ taza de vino tinto
14. 1 lata de tomates perita enteros, picados

Pasos:

1. Sazone el pollo con sal y pimienta y áselo en una asadera hasta que se haya dorado ligeramente de ambos lados, alrededor de 6 minutos.
2. Coloque el pollo en la olla de cocción lenta y cúbralo con los chapiñones.
3. Coloque los morrones, el ajo y la cebolla en una sartén y condiméntelos con sal. Cocine las verduras durante 5 minutos a temperatura media. Agregue el vino a las verduras y cocine durante otro minuto, rascando los restos quemados. Añada el orégano, los tomates, la harina y el tomillo.
4. Agregue esta mezcla de tomate al pollo

en la olla de cocción lenta.
5. Coloque la tapa de la olla y cocine durante 3 horas en modo Alto.
6. Sirva preferiblemente con fetuchini.

36. Pollo con jengibre y sésamo especial para el almuerzo

Porciones: 4
Tamaño de la olla: 4 litros
Tiempo de preparación: 15 minutos
Tiempo de cocción: 2 ½ horas

Ingredientes:
1. 8 muslos de pollo con hueso y sin piel
2. ¼ taza de salsa de soja
3. 5 cucharaditas de salsa hoisin
4. 1 cucharada de aceite de sésamo
5. 2 cucharadas de azúcar morena
6. 1 cucharada de harina de maíz

7. 2 cucharadas de jugo fresco de naranja
8. 2 cucharaditas de semillas de sésamo tostadas
9. 1 cucharada de agua fría
10. 2 cucharadas de cebolla de verdeo rebanada
11. 1 cucharada de jengibre picado
12. 1 cucharadita de ajo picado

Pasos:

1. Cocine el pollo en tandas en una asadera grande hasta que se dore, idealmente 5 minutos.
2. Transfiera el pollo a la olla de cocción lenta.
3. Coloque la salsa de soja, el ajo, el azúcar negra, la salsa hoisin, el jengibre y el jugo de naranja en un bol mediano y viértalo sobre el pollo.
4. Coloque la tapa de la olla y cocine en Bajo durante 2 ½ horas o hasta que el pollo se ablande. Transfiera el pollo a una fuente.
5. Cuele la salsa en la olla y póngala a hervir a temperatura media. Quite los

sólidos. S
6. Junte la harina de maíz y agua fría y agréguelas en la salsa para hacerla espesa. Cocine durante otro minuto y vierta la salsa sobre el pollo.
7. Esparza la cebolla de verdeo y las semillas de sésamo arriba.

37. Pechugas de pollo rellenas con espinaca

Porciones: 6
Tamaño de la olla: 6-7 litros
Tiempo de preparación: 15 minutos
Tiempo de cocción: 3 horas

Ingredientes:

1. 6 mitades de pechugas de pollo deshuesado y sin piel
2. 2 cucharadas de aceite de oliva
3. Sal y pimienta al gusto
4. Un paquete de espinaca congelada picada, descongelado y secado
5. 1 ½ tazas de caldo de pollo
6. ¼ cucharadita de nuez moscada fresca
7. ¼ taza de chalote finamente picado
8. ½ taza de vino blanco seco
9. 1 taza de nata espesa
10. ¼ taza de cebollines finamente picados
11. Un paquete de queso Boursin (57 gramos)

Pasos:

1. Coloque el pollo en papel film y aplástelo hasta que el pollo tenga un espesor uniforme. Sazone con sal y pimienta.
2. Saltée los chalotes en aceite en una asadera mediana, alrededor de 2 minutos. Agregue la espinaca y cocínela hasta que se ablande. Sazone con sal, pimienta, nuez moscada y mezcle bien. Una vez que se haya enfriado, agréguelo al queso Boursin.
3. Esparza el relleno de chalote sobre las pechugas de pollo. Enrolle las pechugas y pliegue los lados para contener el relleno.
4. Ahora colóquelas con las uniones hacia abajo en la olla de cocción lenta y vierta el vino encima. Utilice pinchos si los arrollados no están cerrados apropiadamente y de forma segura.
5. Coloque la tapa de la olla y cocine en Alto durante 2 ½ horas.
6. Retire el pollo cuidadosamente y cúbralo con papel aluminio. Coloque la salsa en una sartén y póngala a hervir.

Cocine durante otros 5 minutos o hasta que la salsa se reduzca a la mitad. Baje el fuego y agregue la crema. Retire del fuego y revuélvala con los cebollines.
7. Corte cada pechuga en 4 partes de manera transversal.
8. Sirva el pollo con la salsa.

Recetas especiales para ocasiones especiales

38. Cacerola de pollo y vino tinto

Porciones: 6
Tamaño de la olla: 4 litros
Tiempo de preparación: 15 minutos
Tiempo de cocción: 8 horas

Ingredientes:

1. 6 muslos de pollo con hueso
2. 3 cucharadas de aceite de oliva
3. 3 cucharadas de harina sin levadura
4. 3 cebollas cortadas en partes
5. 3 dientes de ajo
6. 200 g de lardones de tocino ahumado
7. 300 g de champiñones planos rebanados
8. 2 cucharradas de salsa de zarzamora
9. 1 taza de vino tinto
10. 3 tiras de cáscara de naranja
11. 1 taza de caldo de pollo bajo en sodio
12. 2 hojas de laurel

Pasos:

1. Sazone el pollo con sal y pimienta y áselo a fuego medio en una asadera grande hasta que se haya dorado ligeramente de ambos lados, alrededor de 5 minutos.
2. Agregue las cebollas y los lardones y cocine durante otros 6 minutos. Espolvoree la harina sin levadura, agregue el ajo y cocine durante otro minuto. Asegúrese de revolver

constantemente para evitar que se pegue.
3. Coloque el pollo y el tocino junto con el resto de los ingredientes en la olla de cocción lenta y cocine todo en temperatura baja durante 8 horas.

39. Pollo con naranja y arándanos

Porciones: 6
Tamaño de la olla: 5 litros
Tiempo de preparación: 15 minutos
Tiempo de cocción: 6 horas

Ingredientes:

1. 6 mitades de pechugas de pollo deshuesado y sin piel cortadas en trozos pequeños
2. 1 taza de caldo de pollo bajo en sodio
3. 1 cucharada de margarina
4. ¼ taza de azúcar morena
5. 1 cucharadita de jengibre picado
6. 1/3 taza de mermelada de naranja

reducida en azúcar
7. 1 cucharada de vinagre de arroz
8. ½ cucharadita de canela molida
9. ½ taza de arándanos deshidratados

Pasos:

1. Coloque todos los ingredientes, excepto el pollo, en la olla de cocción lenta y mézclelos bien.
2. Coloque el pollo encima, tape la olla y cocine en modo Bajo durante 6 horas.
3. Sírvalo con la salsa, preferiblemente con arroz integral.

40. Pollo al pesto con papas

Porciones: 4
Tamaño de la olla: 5 litros
Tiempo de preparación: 15 minutos
Tiempo de cocción: 6 horas

Ingredientes:

1. 4 pechugas de pollo deshuesado y sin piel
2. 2 cucharadas de pesto preparado
3. 1 ½ cucharaditas de aceite de oliva
4. 1 cucharadita de condimento de pimienta con limón
5. ½ taza de caldo de pollo bajo en sodio
6. 4 tazas de papas cortadas, parcialmente cocidas en el microondas

7. ½ taza de morrón picado

Pasos:

1. Caliente una sartén antiadherente y cocine las pechugas de pollo con aceite de oliva hasta que se doren de ambos lados, alrededor de 6 minutos.
2. Coloque las papas cortadas en la olla de cocción lenta y agregue el caldo de pollo encima.
3. Unte el pesto de manera uniforme sobre dichos ingredientes y espolvoree con morrón picado. Revuelva la mezcla con cuidado y coloque el pollo arriba.
4. Coloque la tapa de la olla y cocine alrededor de 6 horas en modo Bajo.

41. Sopa de pollo y verduras con fideos

Porciones: 6
Tamaño de la olla: 4 a 6 litros
Tiempo de preparación: 15 minutos
Tiempo de cocción: 7 horas

Ingredientes:
1. 1,36 kg de pollo
2. 2 tazas de zanahorias cortadas en rodajas
3. 2 tazas de cebolla picada
4. 1 taza de fideos de huevo, no cocidos
5. 2 tazas de apio
6. Sal y pimienta al gusto
7. ½ cucharadita de albahaca
8. 283 g de arvejas congeladas

9. 2 cucharadas de perejil
10. 2 tazas de agua
11. ¼ cucharadita de tomillo

Pasos:

1. Coloque todos los ingredientes en la olla de cocción lenta, excepto los fideos. Coloque el pollo sobre el resto de los ingredientes.
2. Coloque la tapa de la olla y cocine durante 6 horas en modo Bajo.
3. Agregue los fideos, coloque la tapa y cocine en modo Alto durante una hora más.

42. Alas con mantequilla de maní

Porciones: 8

Tamaño de la olla: 6 litros

Tiempo de preparación: 20 minutos

Tiempo de cocción: 3-4 horas

Ingredientes:

1. 1,36 kg de alas de pollo
2. Sal y pimienta al gusto
3. ¼ taza de aceite de oliva
4. 1 cucharadita de pimentón
5. ½ taza de caldo de pollo
6. 2 cucharadas de salsa de soja
7. ¼ cucharadita de salsa picante
8. 2 cucharaditas de jengibre rallado
9. ¼ taza de azúcar morena
10. 1 taza de mantequilla de maní sin grumos
11. 1 lata de leche de coco (414 ml)
12. ½ taza de maní tostado, picado finamente

Pasos:

1. Coloque las alas, el aceite de oliva, el

pimentón, pimienta y sal en un bol grande y mézclelos bien hasta que las alas queden bien cubiertas. Acomode las alas de pollo en una bandeja de horno y áselas en una asadera precalentada, alrededor de 5 minutos de cada lado o hasta que tomen un color tostado.
2. Junte todos los ingredientes restantes, excepto el maní, en una sartén a temperatura media y cocine durante 2 minutos. Vierta la salsa sobre las alas.
3. Transfiera la salsa y las alas a la olla de cocción lenta.
4. Coloque la tapa de la olla y cocine durante 3 horas.
5. Sírvalas con una guarnición de maní.

Recetas con la olla de cocción lenta para niños

43. Tacos de pollo y chiles

Porciones: 4

Tamaño de la olla: 4 litros

Tiempo de preparación: 15 minutos

Tiempo de cocción: 4 horas

Ingredientes:

1. 6 muslos de pollo deshuesado y sin piel
2. ½ taza de salsa de tomate preparada
3. 4 dientes de ajo
4. 1 cucharada de ají en polvo
5. 2 cucharadas de chiles chipotle picados, remojados en adobo
6. Sal y pimienta al gusto
7. 8 masas de maíz para tacos
8. 1 cucharada de ají en polvo

Pasos:

1. Junte el pollo, la sala, el ajo, el ají en

polvo, los chiles, sal y pimienta.
2. Coloque la tapa de la olla y cocine en modo Bajo durante 8 horas.
3. Transfiera el pollo a un bol y córtelo en trozos con dos tenedores. Colóquelo de nuevo en la olla de cocción lenta y sirva todo en masas para tacos.
4. También puede decorar las masas con queso rallado, crema agria o rodajas de lima, según las preferencias de sus niños.

44. Hamburguesas de pollo jugosas

Porciones: 8
Tamaño de la olla: 5 litros
Tiempo de preparación: 25 minutos
Tiempo de cocción: 4 horas

Ingredientes:

1. 0,45 kg de muslos de pollo deshuesado y sin piel cortados en trozos pequeños
2. 0,45 kg de pechugas de pollo deshuesado y sin piel cortadas en trozos pequeños
3. 1 cucharada de aceite de oliva extravirgen
4. Sal y pimienta al gusto

5. 1 cebolla mediana cortada en cubos
6. 1 morrón mediano, sin semillas y cortado en cubos
7. 3 dientes de ajo picados gruesos
8. 1 lata de puré de tomate
9. 3 cucharadas de salsa inglesa
10. ¼ taza de salsa de ají picante
11. 2 cucharadas de mostaza amarilla
12. 1 cucharada de melasa
13. 8 panes
14. Rodajas de pepino, rodajas de tomate y hojas de lechuga

Pasos:

1. Sazone el pollo con sal y pimienta y áselo en una asadera con aceite hasta que se haya dorado de ambos lados, lo cual tomará alrededor de 6 minutos.
2. Coloque el pollo en la olla de cocción lenta.
3. Agregue las cebollas, los morrones y el ajo a una asadera y cocine a fuego medio alrededor de 6 minutos o hasta que las cebollas se vuelvan translúcidas. Agregue ¼ taza de agua y cocine durante otros cinco minutos.

Rasque los restos quemados de los costados con una espátula y sazone con sal y pimienta.
4. Agregue esta mezcla a la olla de cocción lenta y cúbrala con el resto de los igredientes, excepto los panes.
5. Coloque la tapa de la olla y cocine en Alto durante 4 horas.
6. Retire el pollo, trócelo con tenedores y vuelva a mezclarlo con la salsa.
7. Sirva todo en panes.

45. Pollo con queso y brócoli

Porciones: 4

Tamaño de la olla: 5 litros

Tiempo de preparación: 10 minutos

Tiempo de cocción: 7 horas y 20 minutos

Ingredientes:

1. 4 pechugas de pollo deshuesado y sin piel
2. 1 ½ tazas de caldo de pollo
3. 1 lata de salsa de queso cheddar
4. 1 lata de sopa de pollo cremosa
5. ¾ taza de crema agria
6. 3 cucharaditas de ajo en polvo
7. 6 tazas de cogollos de brócoli cocidos
8. 2 tazas de arroz cocido

Pasos:

8. Coloque el caldo de pollo, la salsa de queso cheddar, la sopa de pollo, el ajo en polvo y sal en la olla de cocción lenta y mézclelos bien. Coloque el pollo encima de dichos ingredientes.
9. Coloque la tapa de la olla y cocine en

modo Bajo durante 7 horas.
10. Transfiera el pollo a un bol y córtelo en trozos con dos tenedores.
11. Añada el brócoli cocido, la crema agria y cocine durante otros 20 minutos en modo Bajo.
12. Sírvalo con arroz.

46. Pechugas de pollo jugosas

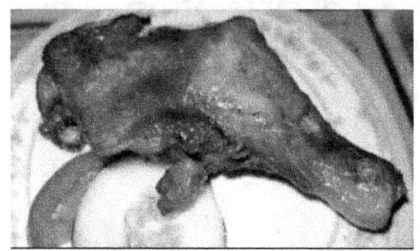

Porciones: 4
Tamaño de la olla: 5 litros
Tiempo de preparación: 15 minutos
Tiempo de cocción: 4 horas

Ingredientes:

1. 4 pechugas de pollo con hueso y piel
2. 2 cucharaditas de pimentón
3. 2 cucharadas de condimento común para carne

Pasos:

1. Cubra el fondo de la olla de cocción lenta con 5 bolas de papel aluminio.
2. Sazone las pechugas de pollo con el

pimentón y el condimento para carne.
3. Coloque las pechugas encima de las bolas de aluminio en la olla y cocínelas en modo Alto durante 4 horas.
4. Transfiera el pollo a una fuente y cúbralo con los jugos de la olla.

47. Pollo Teriyaki

Porciones: 4
Tamaño de la olla: 5 litros
Tiempo de preparación: 15 minutos
Tiempo de cocción: 7 horas

Ingredientes:

1. 6 muslos de pollo deshuesado
2. 2 cucharadas de jengibre rallado
3. 2 cucharadas de azúcar morena
4. ½ taza de salsa de soja baja en sodio
5. 2 dientes de ajo picados

Pasos:

1. Coloque el pollo en la olla de cocción

lenta, junto con el resto de los ingredientes.
2. Coloque la tapa de la olla y cocine en Alto durante una hora, luego reduzca la temperatura y cocine en modo Bajo durante 6 horas.
3. Sirva todo sobre una base de arroz cocido o córtelo en trozos y haga sandwiches.

48. Albóndigas de pollo

Porciones: 6
Tamaño de la olla: 6-7 litros
Tiempo de preparación: 25 minutos
Tiempo de cocción: 7-8 horas

Ingredientes:

Para la marinera

1. 2 cucharadas de aceite de oliva extravirgen
2. Una pizca de pimiento rojo triturado
3. 1 cebolla mediana picada finamente
4. 1 cucharadita de albahaca seca
5. Dos latas de puré de tomate
6. Sal y pimienta al gusto

7. ½ taza de perejil italiano picado finamente

Para las albóndigas de pollo

1. 1 kg de pollo
2. ¼ taza de leche
3. 1 huevo grande, batido
4. 1 taza de migas de pan
5. 2 cucharadas de perejil italiano
6. ½ taza de queso Parmesano rallado
7. ½ taza de cebolla picada finamente
8. Sal a gusto
9. 1 diente de ajo picado

Pasos:

1. Caliente aceite en una sartén pequeña y saltée la cebolla, el ajo, la albahaca y el pimiento triturado, alrededor de 5 minutos.
2. Transfiera la mezcla de cebolla a la olla de cocción lenta y agréguele sal, pimienta, tomates y perejil encima. Mezcle bien.
3. Coloque la tapa de la olla y cocine durante 3 horas en modo Bajo.
4. Mientras tanto, coloque las migas de pan y la leche en un bol y mézclelos.

Añada el resto de los ingredientes y bátalos bien.
5. Forme bolas de 5 cm con la mezcla. Transfiera las albóndigas a la olla de cocción lenta y vierta cuidadosamente un poco de la salsa sobre ellas.
6. Coloque la tapa de la olla y cocine 3 horas adicionales o hasta que las albóndigas estén totalmente cocidas.

49. Pollo ahumado

Porciones: 5
Tamaño de la olla: 4 litros
Tiempo de preparación: 15 minutos
Tiempo de cocción: 7 horas

Ingredientes:

1. 1,36 kg de piezas de pollo sin piel, incluídas mitades de pechugas y muslos
2. Sal y pimienta al gusto
3. 1 taza de caldo de pollo
4. ½ taza de damascos deshidratados, cortados
5. 1 cucharada de tapioca rápida de cocinar, molida finamente
6. 1 cucharada de salsa de adobo

7. 2 chiles chipotle enlatados en salsa de adobo, picados
8. 11 1/2 tazas de mermelada de frambuesa

Pasos:

1. Sazone las piezas de pollo con sal y pimienta y colóquelas en la olla de cocción lenta.
2. Mezcle la mermalada de frambuesa, la salsa de chipotle, el caldo, la salsa de adobo y la tapioca en un bol pequeño y viértalo sobre las piezas de pollo.
3. Coloque la tapa de la olla y cocine en modo Bajo durante 7 horas.

50. Pollo a la *puttanesca*

Porciones: 6
Tamaño de la olla: 4 litros
Tiempo de preparación: 20 minutos
Tiempo de cocción: 7 horas

Ingredientes:

1. 1,36 kg de piezas de pollo sin piel, incluídas patas de pollo, muslos y mitades de pechugas
2. Tarro de 769 ml de salsa de fideos con aceitunas
3. Sal y pimienta al gusto
4. 3 tazas de pasta orzo cocida
5. 2 cucharaditas de cáscara de limón

rallada finamente
6. 2 cucharadas de alcaparras escurridas

Pasos:

1. Sazone las piezas de pollo con sal y pimienta y colóquelas en la olla de cocción lenta.
2. Mezcle las alcaparras, la cáscara de limón y la salsa de fideos en un bol y viértalo sobre las piezas de pollo.
3. Coloque la tapa de la olla y cocine en modo Bajo durante 7 horas.
4. Sirva el pollo sobre una base de pasta orzo cocida.

Conclusión

¡Ahí lo tiene! Recetas de pollo exquisitamente maravillosas para la olla de cocción lenta que harán cada día, noche y ocasión especial un festín memorable. Ahora puede simplemente deshacerse de la caja de su olla, porque a partir de hoy, ¡esta no necesita ser devuelta a su caja nunca más!

Una de las mejores cosas sobre las recetas para la olla de cocción lenta es que se adaptan bien a estilos de vida acelerados, lo que las hace la solución perfecta para que las personas que trabajan y padres de familia puedan preparar comidas deliciosas fácilmente. Simplemente prepare los ingredientes por la mañana en menos de 15 minutos y vuelva a casa en la tarde para encontrarse con platos humeantes y deliciosamente deseados.

¡Es hora de ponerse creativo y comenzar a cocinar!

Parte 2

Introducción

Quiero agradecerle por descargar mi libro.

Este libro contiene una variedad de formas y oportunidades para incrementar el uso de cocinas lentas para preparar saludables y deliciosas comidas con mínimas cantidades de sal y aceite.

Las cocinas lentas se han convertido en uno de los dispositivos de cocina más populares de los últimos tiempos. Muchas personas tienen ollas lentas pero cocinan solo una o dos de sus comidas habituales. Esto es porque ellos no conocen como cocinar diferentes platos. Si usted está entre ellos, ¡arroje todas sus dudas porque aquí está la guía con las más perfectas recetas para olla lenta que usted haya visto!

Aalgunas personas no les gusta preparar comidas en cocinas lentas porque toma mucho tiempo. Pero mire esto de otra manera: primero, usted puede hacer lo que quiera mientras sus comidas se preparan, segundo – usted no necesita usar innumerables ollas y sartenes para cocinar los platos, ¡todo lo que necesita es cargar los ingredientes en su olla lenta, encenderla y disfrutar!

Aperitivos

Burritos Chili Colorado Estilo Mexicano

Ingredientes

1 ½libras de carne para estofado (carne roja)
1 lata (18 oz) de salsa para enchilada roja
2 cubos de caldo de res
1 lata de frijoles
6-8 tortillas tamaño burrito
1 tazón de queso triturado (o más, dependiendo de su preferencia)

Preparación

Corte la carne en pequeños pedazos y póngalos en su olla lenta

Aplaste los cubos de caldo de res sobre la carne y añada la salsa para enchilada

Cocine en bajo por al menos 6 horas o

hasta la carne esté bien tierna

Cuando la carne esté lista, sazone al gusto con sal y pimienta

Caliente los frijoles

Ponga un par de cucharaditas de frijoles en el centro de cada tortilla.

Agregue aproximadamente ½ taza de carne de res y enróllelo hasta formar un burrito.

Coloca los burritos en una bandeja para hornear engrasada. Vierta alguna salsa extra sobre la parte de arriba de los burritos para cubrirlos. Ponga queso encima.

Asar hasta que el queso esté dorado, tal vez 2-4 minutos.

Delicioso Pollo con Corteza de Queso Parmesano

Ingredientes

2-3 pechugas de pollo, sin piel

½ taza de migas de pan sazonadas italianas

¼ taza de queso parmesano, rallado

¼ cucharadita de pimienta negra molida

¼ cucharadita de sal

1 cucharada de aceite de oliva
1 huevo, batido
Queso mozzarella en rodajas (opcional)
Salsa marinara favorita

Preparación

Espolvoree 1 cucharada de aceite de oliva en la parte inferior de la olla de cocción lenta.

En un bol pequeño batir el huevo.

Mezcle las migajas de pan sazonadas, el parmesano, la pimienta molida y la sal en el tazón del medio.

Sumerja el pollo en el huevo y luego en la mezcla de migas de pan. Cubrir uniformemente todos los lados del pollo con huevo y mezcla.

Ponga las pechugas de pollo en el fondo de la olla de cocción lenta.

Ponga 3-4 rebanadas de queso mozzarella en la parte de arriba (opcional)

Vierta su salsa marinara favorita sobre el queso y el pollo

Cierre la tapa y prepare en bajo por 4-5 horas o hasta que el pollo esté listo

Sirva con arroz o pasta.

Costillas BBQ Simples

Ingredientes

- 3 libras de costillas de lomo de cerdo, sin hueso
- 3 Cucharadas de humo liquido
- ½ taza de azúcar morena
- ½ taza de cebolla dulce, cortada en cubitos
- 1 botella (18 oz) de su salsa BBQ favorita

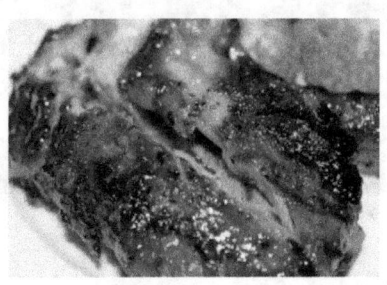

Preparación

1. Cubra su olla de cocción lenta con Spray para cocinar
2. Frote las costillas con el humo líquido. Póngalas en la olla lenta.

3. Espolvoree el azúcar morena sobre las costillas
4. Vierta su salsa BBQ favorita sobre las costillas
5. Cubra y cocine en bajo por 6-8 horas hasta las costillas se pongan tiernas.

Cazuela de judías verdes

Ingredientes

- 2 latas (15 oz) de judías verdes cortadas, escurridas
- 1 lata (10 oz) de crema de champiñones, sin diluir
- 1 paquete (8 oz) de queso cheddar, picado

- 5 oz de champiñones frescos, escurridos y en tajadas
- 1 taza de leche
- 1 cucharada de salsa inglesa
  - 1 lata (6 oz) de aros de cebolla fritos, divididos
  - 1 cucharadita de pimienta molida
  - Sal al gusto

Preparación

1. En un tazón grande combine las judías, la crema de champiñones, el queso cheddar, los champiñones, la salda y la pimienta
2. Agregue la mitad de los aros de cebolla fritos.
3. Encienda un poco la olla eléctrica lenta y agregue la mezcla
4. Cubra y cocine en bajo por 2 horas
5. Espolvoree los aros de cebolla restantes en la parte superior del plato, cubra y cocine otros 30-40 minutos.
6. Sirva y disfrute

Lasaña de carne clásica

Ingredientes

- 1 libra de carne molida
- 1 frasco (24) de salsa para pasta tradicional
- 1 taza de agua
- 15 oz de queso Ricotta Original
- 7 oz de queso mozzarella rallado con leche al 2%, dividido
- ¼ taza de queso parmesano, rallado y dividido
- 1 huevo

Preparación

1. Dore la carne molida un poco en

una sartén grande, escurra.
2. Agregue la salsa para pasta y el agua.
3. Combine 1 ½ tazas de ricotta, 2 cucharadas de queso parmesano, huevo y perejil picado.
4. Ponga 1 taza de mezcla de carne en la olla de cocción lenta, cúbrala con los fideos (rotos) y la mezcla de queso. Cubrir con 2 tazas de mezcla de carne. Cubra con los fideos restantes (rotos), el queso y la salsa de carne.
5. Cubra con la tapa y cocine a fuego lento durante 4-6 horas, hasta que el líquido se absorba.
6. Luego, abra, espolvoree los quesos restantes y deje reposar hasta 10 minutos hasta que se derrita.

Apetitoso Sándwich César de Pollo

Ingredientes

- 2 libras de pechugas de pollo, sin huesos y sin piel

- ½ taza de aderezo césar
- ½ taza de queso parmesano, picado
- ¼ taza de perejil fresco, picado
- ½ cucharadita de pimienta molida
- 2 tazas de lechuga romana, picada
- 4-6 panes de hamburguesa de tamaño regular

Preparación

1. Ponga las pechugas de pollo en la olla lenta, añada 1-2 tazas de agua, cubra y cocine en bajo por 4-5 horas.
2. Remueva el pollo cocinado de la olla, drene el agua de la olla.
3. Pique el pollo usando dos tenedores y retire la grasa
4. Ponga el pollo picado de regreso a la olla y añada el aderezo, el queso parmesano, el perejil y la pimienta.
5. Revuelva uniformemente.

6. Cubra y cocina por otros 30 minutos o hasta que esté listo
7. Coloque la mezcla en los panes de hamburguesa
8. Cubra con queso parmesano y lechuga adicionales y sirva.

Pollo BBQ de Olla Lenta

Ingredientes

- 1 ½ libras de pechugas de pollo, sin huesos y sin piel
- 1 botella de su salsa BBQ favorita
- ¼ de taza de vinagre
- 1 cucharadita de hojuelas de pimienta roja
- 1 Cucharada de azúcar morena

- 1 Cucharadita de polvo de ajo

Preparación

1. Prepare las pechugas de pollo
2. En un tazón mediano combine la salsa BBQ, el vinagre, las hojuelas de pimienta roja, el azúcar morena y el polvo de ajo
3. Ponga las pechugas de pollo en la olla lenta y añada la mezcla
4. Cubra y cocine en bajo por 5-6 horas
5. ¡Disfrute!

Platos Principales

Carne Tierna con Brócoli

Ingredientes

- 1 libra de carne en tajadas
- 1 taza de caldo de res
- ½ taza de salsa de soya
- 1/3 de taza de azúcar morena
- 1 cucharada de aceite de sésamo
- 3 dientes de ajo, picados
- 2 cucharadas de maicena
- 2 cucharadas de agua
- Brócoli fresco (tantos como lo desee)
- Arroz cocido

Preparación

1. Cortar la carne en tiras finas.
2. Ponga la carne en su olla lenta
3. En un tazón mediano, mezcle el caldo, la salsa de soja, el azúcar morena, el aceite de sésamo y el ajo. Verter sobre la carne.
4. Cuba y cocine en bajo por 6 horas
5. En un tazón pequeño, mezcle la maicena con agua hasta que quede suave. Añadir a una olla de cocción lenta. Mezclar bien.

6. Hierva el brócoli y añádalo a la olla lenta. Revuelva para combinar
7. Cubra y cocine adicionalmente por 20-25 minutos en alto
8. Sirva con arroz cocido caliente

Cerdo Dulce y Excepcional

Ingredientes

- 1.5 – 2 libras de carne de cerdo
- 2 latas de Coca Cola (No dietética)
- 1 cucharadita de sal de ajo
- ½ taza de azúcar morena
- ¼ de taza de agua

- 1 lata (4 oz) de chiles verdes, picados
- 1 lata (10 oz) de salsa de enchilada

Preparación

1. Tome una bolsa Zip-Lock y ponga el cerdo el ella
2. Agregue allí 1 lata de Coca Cola, ½ taza de azúcar moreno. Asegúrese de que el cerdo se sumerge en la marinada. Coloque la bolsa en la nevera durante toda la noche.
3. Después, escurra la marinada y ponga el cerdo en la olla de cocción lenta.
4. Agregue ½ lata de coca cola, agua y la sal de ajo sobre la carne.
5. Cocine en alto por al menos 3-4 horas
6. Una vez que la carne esté casi lista tritúrela con 2 tenedores
7. Mezcle la Coca Cola restante, los chiles verdes, la salsa de enchilada y el azúcar en un tazón grande.

8. ¡Sirva el cerdo con salsa y disfrute!

Pollo con miel con semillas de sésamo

Ingredientes

- 2-2.5 libras de pollo sin piel ni huesos,
  Pechugas o muslos (como desee)
- 1 taza de miel
- ½ taza de salsa de soya
- 1 cebolla mediana, picada
- 4 cucharadas de salsa de tomate
- 2 cucharadas de aceite de canola
- 2-3 dientes de ajo, picados
- 4 cucharadas de maicena disuelta en 8 cucharadas de agua
- Pizca de sal
- Pimienta molida
- Semillas de sésamo

Preparación

1. Espolvoree la olla de cocción lenta con aceite en aerosol.
2. Sazone el pollo con sal por ambos lados y colóquelo en el fondo de la olla de cocción lenta.
3. En un tazón pequeño, agregue la miel, la salsa de soya, la cebolla, la salsa de tomate, el aceite, el ajo y mezcle bien. Vierta sobre el pollo.
4. Cocine en bajo por 3-4 horas o hasta que esté listo
5. Retire el pollo de la olla y deje la salsa. Disuelva la maicena en el agua y vierta en la olla de cocción lenta. Mezclar con la salsa.
6. Cocine la salsa a fuego alto durante 10-15 minutos o hasta que esté ligeramente espesa.
7. Corte el pollo en trozos medianos, póngalo de nuevo en la olla y sumérjalo en una salsa antes de servir.
8. Sazone con semillas de sésamo y sirva con arroz cocido.

Pechuga de pollo endulzada con miel

Ingredientes

- 1 libra de pechugas de pollo, sin piel
- ¼ cucharadita de pimienta molida
- ½ taza de miel
- ¼ de taza de salsa de soya
- ½ cucharadita de sal
- 1 cebolla picada
- 1/8 de taza de salsa de tomate
- 1 cucharada de aceite vegetal
- 1 diente de ajo, picado
- ¼ cucharadita de pimientos rojos en hojuelas

Preparación

1. Sazone las pechugas de pollo por ambos lados con sal y pimienta. Póngalas en la olla de cocción lenta.
2. En un tazón mediano, mezcle la salsa de soya, la miel, la cebolla picada, la salsa de tomate, el ajo y las hojuelas de pimienta. Vierta sobre el pollo con la mezcla.
3. Cocine en bajo por al menos 3 horas
4. Corte el pollo cocido en trozos pequeños, póngalo de nuevo en la olla y cúbralo con la salsa.
5. Servir con arroz o fideos.

Famoso Pollo Santa Fe

Ingredientes

- 1 ½ libras de pechugas de

pollo, sin piel
- 1 lata (14 oz) de tomates con chiles verdes, picados
- 1 lata (14 oz) de frijoles negros
- 6-8 oz de maíz congelado
- ½ taza de cilantro fresco, picado
- 1 lata (14 oz) de caldo de pollo
- 2 chalotes picados
- 1 cucharadita de polvo de ajo
- 1 cucharadita de polvo de cebolla
- 1 cucharadita de comino
- 1 cucharadita de pimienta de cayena
- Sal y pimienta para sazonar

Preparación

1. En un tazón grande, agregue el caldo de pollo, los frijoles, el maíz, los tomates, el cilantro, los chalotes, el ajo y la cebolla en polvo, el comino, la pimienta de cayena, la sal, y

revuelva para combinar.
2. Ponga la mezcla en la olla de cocción lenta
3. Sazone las pechugas de pollo y póngalas encima de los otros ingredientes en la olla de cocción lenta.
4. Cocine en bajo por 8-10 horas
5. Una hora antes de servir retire el pollo de la olla y píquelo.
6. Regrese el pollo a la olla y revuelva con los otros ingredientes
7. Sirva y sazone con sal y pimienta al gusto.

Increíble pollo tierno con champiñones

Ingredientes

- 1 ½ libras de pechugas de pollo, sin piel y sin pedazos de grasa
- 2 tazas de caldo de pollo
- 1 cebolla mediana, picada
- 6 dientes de ajo, picados
- 1 cucharada de aceite de oliva
- 1 cucharada de pasta de tomate
- 1 cucharadita de tomillo seco, triturado
- 1 libra de champiñones frescos, en rodajas
- 2 cucharadas de vinagre de vino blanco.
- 2 cucharadas de tapioca de cocción rápida (yuca)
- ½ taza de queso parmesano
- 1 cucharada de perejil seco
- Sal y pimienta para sazonar

Preparación

1. En un tazón adecuado para microondas mezcle la cebolla, el ajo, el aceite de oliva, la pasta de tomate

y el tomillo. Cocine por cinco minutos aproximadamente hasta que la cebolla se vuelva tierna. Vierta en la olla lenta.
2. Sazone el pollo con sal y pimienta
3. En un bol mezcle las pechugas de pollo, los champiñones, el caldo de pollo, el vinagre, la tapioca (yuca) y ponga la mezcla en la olla lenta.
4. Tape la olla y cocine en bajo por 4-6 horas.
5. Retire el pollo y pártalo en pedazos largos con dos tenedores (Esto es opcional, tal vez alguien quiera dejar el pollo en pedazos completos)
6. Retire la grasa extra de la superficie y ponga el pollo de regreso a la olla lenta.
7. Añada el queso y el perejil seco
8. Sazone al gusto y sirva con pasta o arroz.

Salsa picante de tomates y calabacín

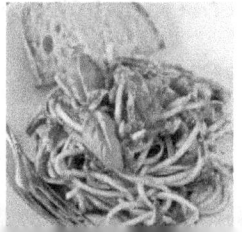

Ingredientes

- 2 tazas de calabacín, triturado
- 4 oz de champiñones, picado
- ½ cebolla mediana, picada
- 4-5 tomates medianos, cortados en cubitos
- 1 hoja de laurel
- ¼ taza de perejil fresco, picado
- 4 dientes de ajo, picados
- ¼ de cucharadita de pimienta
- 1 cucharadita de sal de ajo
- 1 cucharadita de orégano
- 1 cucharadita de albahaca
- 2 latas (8 oz) de salsa de tomate
- 2 cucharadas de tapioca de cocción rápida (yuca)

- 1 libra de salchicha de pavo (opcional, puede cocinar con o sin carne)

Preparación

1. Combine todos los vegetales en un tazón grande
2. Agregue las especias, revuelva para combinar.
3. Añada todo en la olla lenta y cocine en bajo por 6-8 horas
4. Revuelva y agregue las salchichas
5. Sazone al gusto y sirva sobre pasta o espaguetis a su elección

Adorable pollo italiano de olla lenta

Ingredientes

- 2-4 pechugas de pollo, sin huesos y sin piel
- 1 paquete (8 oz) de queso crema, ablandado
- 1 lata de sopa de pollo
- 1 paquete de condimento italiano
- Pasta o arroz para servir

Preparación

1. Prepare el pollo y póngalo en la olla lenta
2. Combine el queso crema ablandado, la crema de pollo y el condimento italiano y colóquelos uniformemente sobre el pollo.
3. Cubra y cocine en lato por 5 horas o hasta que el pollo esté listo y totalmente tierno
4. Sirva sobre arroz o pasta cocinados

Pollo Hawaiano de cocina lenta con piña

Ingredientes

- 5-6 pechugas de pollo, sin piel y sin hueso
- ½ taza de salsa de tomate
- ½ cucharadita de salsa inglesa
- 1 cucharadita de mostaza
- ½ piña con jugo, molida
- ½ taza de azúcar morena
- 1 lata de trozos de piña

Preparación

1. Prepare las pechugas de pollo
2. En un tazón grande mezcle la salsa de tomate, la salsa inglesa, la mostaza, la piña molida con el jugo, el azúcar morena, mezcle para combinar
3. Sumerja las pechugas de pollo a la

mezcla y póngalas en la olla lenta.
4. Cubra y cocina en alto de 4-6 horas o hasta que el pollo esté tierno
5. En los últimos 30 minutos de cocción abra su olla lenta y añada los trozos de piña.
6. Sirva sobre arroz o como lo desee.

Papas con queso y tocino

Ingredientes

- ¼ de libra de tocino, cortado en cuadritos
- 2-3 cebollas medianas, cortadas en rodajas
- 5 papas medianas cortadas en rodajas
- ½ libra de queso cheddar,

- cortada en rodajas
- 1 cucharada de mantequilla
- Sal y pimienta molida para sazonar
- Cebolla verde (opcional)

Preparación

1. Ponga papel aluminio en el fondo de la olla lenta, dejando suficiente para cubrir las papas
2. Haga una capa media de papas, tocino, cebollas y queso. Sazone con sal y pimienta al gusto y salpicar con mantequilla
3. Haga las mismas capas con el resto de los ingredientes. Sazone al gusto y salpique con mantequilla
4. Cobra todo con el papel aluminio restante.
5. Cubra y cocine en bajo por 8-10 horas

Chuletas de cerdo tiernas

Ingredientes

- ¼ de libra de tocino, cortado en cuadritos
- 1 lata (14 oz) de caldo de pollo
- ¾ de taza de harina multipropósito, dividida
- ½ cucharadita de mostaza molida
- ½ de una mezcla de ajo y pimienta
- 2 cucharadas de aceite de canola
- Sal para sazonar

Preparación

1. Tome una bolsa plástica grande. Ponga dentro de ella ½ taza de harina, la mostaza, la mezcla de ajo y pimienta y sal.
2. Añada las chuletas de cerdo, una a la vez. Agite bien para asegurarse de que la carne se cubra uniformemente.
3. Dore el cerdo en una sartén grande en aceite por ambos lados.
4. Ponga las chuletas de cerdo en la olla lenta
5. Ponga la harina restante en un tazón, añada el caldo de pollo. Bata hasta que quede suave
6. Vierta esta mezcla sobre las chuletas
7. Cubra y cocine en bajo por 3-4 horas o hasta que la carne esté tierna
8. Servir hasta que esté caliente.
9. Disfrute

Delicioso Pollo CordonBleu

Ingredientes

- 6 mitades de pechuga de pollo, deshuesadas y sin piel
- 10 oz de crema de pollo
- 1 taza de leche
- 4 oz de jamón
- 4 oz de queso suizo, en rodaja
- 8 oz de miga de pan
- ¼ de taza de mantequilla, derretida

Preparación

1. En un tazón combine la crema de pollo y la leche.
2. Vierta suficiente crema en la olla lenta para cubrir el fondo
3. Ponga las pechugas de pollo sobre la

salsa
4. Cubra con el jamón y las rodajas de queso suizo
5. Vierta la mezcla de la crema restante sobre las capas, tratando de distribuir entre las capas.
6. Espolvoree la miga de pan encima, riegue la mantequilla sobre la miga de pan
7. Cubra con la tapa y cocine en bajo por 5-6 horas

Tierna Carne Stroganoff

Ingredientes

- 2 libras de carne de res guisada
- ½ taza de caldo de res

- 16 oz de champiñones frescos, rebanados
- 2 paquetes de sopa de cebolla
- 3 cucharadas de salsa inglesa
- 2 ½ tazas de crema agria
- 4 oz de queso crema, ablandado
- 1 paquete de fideos de huevo cocidos para servir

Preparación

1. En un tazón combine la crema de pollo y la leche. Coloque la carne, el caldo, los champiñones rebanados, la mezcla de sopa, la salsa inglesa en la olla lenta y cocine en bajo durante 4-6 horas hasta que la carne esté preparada
2. Luego, agregue la crema agria y el queso crema en la olla, revuelva la mezcla hasta que esté combinada y suave.
3. Servir sobre fideos de huevo cocidos.
4. Disfrute.

Sopas y Estofados

Clásica Sopa de Chucrut Alemana

Ingredientes

- 1 papa cortada en pequeños cubos
- 1 libra de salchichas ahumadas cortada en cubos de dos centímetros
- 1 lata (32 oz) de chucrut, enjuagado y escurrido
- 4 tazas de caldo de pollo
- 1 lata (10 oz) de crema de champiñones
- ½ libra fresca de champiñones, rebanada
- 1 taza de pollo cocinado, cortado en cubos

- 2 zanahorias, rebanadas
- 2 manojos de apio, rebanados
- 2 cucharadas de eneldo
- ½ cucharadita de pimienta molida
- 3-5 tiras de tocino, cocidas

Preparación

1. Prepare todos los ingredientes, lave y seque los vegetales
2. Combine todos los ingredientes en la olla lenta, vierta el caldo de pollo
3. Cubra y cocine en alto por 5 horas hasta los vegetales estén tiernos
4. Quite la grasa extra
5. Acompañe con tocino desmenuzado y disfrute.

Sopa de pollo con espinacas y hierbas

Ingredientes

- 1 libra de muslos de pollo, deshuesados y sin piel, cortado en pedazos de 3 centímetros.
- 1 lata (16 oz) de frijoles, enjuagados y bien escurridos
- 14 oz de caldo de pollo
- 1 cebolla, cortada
- 1 pimiento rojo dulce, cortado
- 2 cucharadas de pasta de tomate
- 3 dientes de ajo, picados
- ½ cucharadita de romero fresco, picado
- ½ cucharadita de tomillo fresco, picado
- ½ cucharadita de orégano seco, machacado
- ¼ cucharadita de sal

- ¼ cucharadita de pimienta
- 3 tazas de espinacas frescas
- ¼ taza de queso parmesano, rallado

Preparación

1. Prepare todos los ingredientes.
2. Mézclelos en la olla lenta, cúbralos y cocínelos en bajo por 4-5 horas o hasta el pollo esté tierno
3. Revuelva la espinaca
4. Tape y cocine por 30 minutos hasta que la espinaca esté blanda.
5. Cubra con queso

Increíble asado de olla de mamá

Ingredientes

- 1 libra de carne asada
- 3 cubos de caldo de res
- 10 oz de caldo de carne
- 3 dientes de ajo, picados
- ¼ cucharadita de pimienta de cayena
- 2 cucharadas de comino
- 1 cucharadita de orégano
- ¼ cucharadita de pimienta molida
- 2 zanahorias medianas, ralladas

Preparación

1. Corte la carne en cubitos de 2-3 pulgadas y póngala en la olla lenta.
2. Combine el caldo de carne, los cubos de caldo de res, los dientes de ajo, la pimienta de cayena, el comino, el orégano y la pimienta molida.
3. Vierta esta mezcla sobre la carne en la olla lenta
4. Cobra y cocine en alto por 3-4 horas o hasta que la carne esté lista y tierna

5. Sirva con arroz o papas.

Cerdo Salsa Verde

Ingredientes

- 2 libras de lomo de cerdo
- 1 frasco (16 oz) de Salsa Verde
- 1 lata (4 oz) de chiles verdes, cortados en cubitos
- 1 cucharada de comino molido
- Sal para sazonar

Preparación

1. Rocíe la olla lenta con el spray para cocinar
2. Espolvorear libremente la sal sobre

el cerdo. Coloque la carne en la olla.
3. Vierta un tarro de Salsa Verde sobre el cerdo. Luego añada los chiles verdes cortados en cubitos y rocíe con comino molido
4. Cubra la olla de cocción lenta y cocine a fuego lento durante al menos 8 horas.
5. Corte el cerdo y póngalo de nuevo en la salsa
6. Puede servirlo con el acompañamiento que desee: queso, crema, tomates, etc.
7. Disfrute

Estofado de papa con Vegetales y Especias

Ingredientes

- 3 libras de papas, cortadas en cubitos
- 1 cebolla mediana, picada
- 4 tomates medianos
- 2 cucharaditas de semillas de mostaza
- 1 cucharadita de jengibre molido
- 1 cucharadita de garammasala
- 1 cucharadita de cúrcuma
- ½ cucharadita de comino molido
- ½ cucharadita de chile en polvo
- ¼ taza de chiles secos
- 3 cucharadas de aceite de oliva
- Sal y pimienta negra molida al gusto.

Preparación

1. En un tazón mezcle las especias con las semillas de mostaza: jengibre, garammasala, cúrcuma, comino y el chile en polvo.
2. Prepare las verduras, lave, pele y cubra las papas, pique la cebolla.

3. Lave los tomates, exprima las semillas y córtelas en trocitos.
4. Añada un poco de aceite de oliva, agregue las semillas de mostaza y cocine hasta que estallen.
5. Agregue la cebolla; Cocine por cerca de 5 minutos hasta que esté transparente.
6. Añada las especias y cocine por 3-4 minutos para que agarre el sabor
7. Agregue las papas en cubos. Revuelva y asegúrese de que cada cubo se bañe en la mezcla de especias
8. Agregue los tomates en cubitos.
9. Agregue sal y la pimienta negra molida al gusto
10. Cocine por al menos 4-6 horas o hasta que esté listo.

Conclusión

Espero que este libro le haya ayudado a darse cuenta el papel esencial de la olla de cocción lenta en la preparación de deliciosos y sabrosos platos. Y si a usted le gusta cocinar y no desea desperdiciar su tiempo en la cocina, usar la olla de cocción lenta es la elección correcta.

Mientras pueda entender este libro de cocina, hay muchos platos que pueda cocinar con la ayuda de la olla de cocción lenta. Pero siempre puede crear sus propios platos, combinando sus ingredientes favoritos.

¡Disfrute de un estofado saludable en su hogarcon mínimo de sal y aceite!

www.ingramcontent.com/pod-product-compliance
Lightning Source LLC
Chambersburg PA
CBHW072016070526
44583CB00015B/1511